決定版

おいしい
マクロビオティック
ごはん

料理 石澤清美　監修 野口節子

目 次

マクロビオティックは、自然環境と共存しながら健康に生きるための食事法です……6

身土不二
自分が生きている環境で育つものを食べましょう……6

一物全体
命あるものはまるごと食べましょう……7

陰陽調和
自然界は「陰」と「陽」のエネルギーの調和……8

食材の陰陽ガイド……10

マクロビオティック料理の陰陽ガイド……12

体と地球にやさしい食材と調味料の選び方……14
米・雑穀／パン／粉／野菜／ごま／乾物／みそ／塩／酢／しょうゆ／油／甘味料

現代栄養学から解くマクロビオティック

マクロビオティック食事法ガイドラインと摂取量の目安／マクロビオティックでとる1日1600kcalの食品と目安量……16
検証しました。マクロビオティックの栄養価……17

第1章
食事の主役は穀物です……19

自分好みにアレンジできる玄米の炊き方……20
玄米をおいしくバランスよく食べるための
ごま塩&ふりかけ……22

玄米のごちそうごはん

揚げそぼろのかくやめし……24
葉っぱとごまのまぜごはん……25
ミックス豆のサラダごはん……25
梅干しと水菜の手巻きずし……26
五目ちらしずし……27
にんじんとわかめのチャーハン……28
キャベツとひじきのごぼうチャーハン……28
玄米とれんこんのもっちりチヂミ……29
黒米と黒豆の炊き込みごはん……30
ごぼうとひじきの炊き込みごはん……30
かぼちゃといり大豆のパエリア……31
長いもとくこのおかゆ……32
梅茶がゆ……33
きび入りさつまいもがゆ……33
小松菜のリゾット……34
ロールキャベツのリゾット……35

雑穀のごちそうごはん

雑穀ミックスのサラダごはん……36
あずきと押し麦入り炊き込みごはん……37
押し麦とさつまいものリゾット……38
押し麦と里いものパン粉焼き……39
もちきびのお焼き……40
もちきびのコロッケ……41
もちあわとれんこんのリゾット……42
もちあわの豆乳グラタン……43

パン・めん・粉のごちそうメニュー

グリル野菜のオープンサンド……44

全粒粉パンに合うディップ&ジャム……45
かぼちゃとみかんのディップ／ナッツのスイートディップ
／とうふとごまのディップ／りんごとにんじんのジャム

&スープのセットメニュー
のりきんぴらサンド／野菜スープ……46
そば粉のクレープ／かぼちゃの冷製スープ……47
キャベツとくるみの全粒粉スパゲッティ……48
とうふと野菜のミートソース風パスタ……49
ほうとう風みそ煮こみうどん……50
大根そば……51
つぶつぶすいとんの和風ポトフ……52
水菜のこんぶあえ……52

マクロ クッキングメモ

玄米ごはんの保存法……21
みその選び方……57
麦みそはすると陽性がアップ……63
洋風や中国風のスープのもとは？……69
ゆで大豆の保存法……72
ゆでいんげん豆の保存法……74
天然製法凍り豆腐のもどし方……81
フライパンはできれば鉄製を……130
黒ごまVS白ごま……148
ほうとうに挑戦してみよう……154
しゅんのねぎを常備菜に……166
寒漬けたくあんとは……168

第２章
名わき役は汁物です……53

手軽にとれる本格の味こんぶ＆しいたけだし
こんぶだし／混合だし……54
だしがらは料理に再利用して……55

四季のみそ汁
春　新キャベツと新玉ねぎのみそ汁……56
夏　なすと青じそのみそ汁……56
秋　里いもとなめこのみそ汁……57
冬　大根と油揚げのみそ汁……57

四季のすまし汁
春　新にんじんとせりのすまし汁……58
夏　レタスとしょうがのすまし汁……58
秋　まいたけのすまし汁……59
冬　おろしかぶら汁……59

四季のスープ
春　若竹スープ……60
夏　とうもろこしととうふのヴィシソワーズ……60
秋　じゃがいもと平打ち豆のスープ……61
冬　根菜たっぷりのスープ……61

おかずを兼ねる汁＆スープ
とうふとかぶののりすい……62
玉ねぎとかぼちゃのみそ汁……63
おろしれんこんののっぺ風……64
さつまいものさつま汁……65
里いもとキャベツの豆乳チャウダー……66
レンズ豆とセロリのスープ……67
白菜ときくらげのスープ……68
干し湯葉と切り干し大根のスープ……69

第３章
〝畑の肉〟でタンパク質も うまみも満点！ 主菜になるおかず……71

豆のおかず
☆乾燥豆のゆで方・大豆……72
大豆のハンバーグ……73
五目豆……73
金時豆さつまいものいとこ煮……74
☆乾燥豆のゆで方・いんげん豆……74
白いんげん豆のりんご煮……75
白いんげん豆とカリフラワーのサラダ……75

麩のおかず
白菜と板麩の八宝菜風……76
板麩の野菜巻きソテー……77
車麩の肉じゃが風……78
観世麩と青梗菜のチャンプルー……79

大豆加工品のおかず
凍り豆腐
☆もどし方・機械製法凍り豆腐……80
凍り豆腐と海草の中国風サラダ……80
凍り豆腐の野菜あんかけ……81
凍り豆腐のステーキ・にらねぎソース……81
がんもどき／油揚げ
ひじきがんも……82
油揚げの里いもコロッケ風……83
とうふ
ごぼうとにんじんのいりどうふ……84
とうふじゃが……85
にんじんとぜんまいのしらあえ……85
湯葉
かぼちゃとひじきのれんこん蒸し・湯葉あんかけ……86
生湯葉と大根の梅あえ……87
湯葉と水菜のしゃきしゃきいため……87
おから
おからの五目煮……88
こまごま野菜のおからあえ……88

食材の解説

穀物
黒米……30
雑穀ミックス……36
押し麦……37
もちきび……40
もちあわ……42
全粒粉パン……44
全粒粉パスタ……48
地粉うどん……50
そば……51
そば粉……162
豆
レンズ豆……67
大豆……72
黒豆……72
平打ち豆……72
白いんげん豆……74
金時豆……74
うずら豆……74
あずき……172
麩
板麩（庄内麩）……77
車麩……78
観世麩……79
おつゆ麩……151
大豆加工品
凍り豆腐……80
がんもどき……82
油揚げ……83
とうふ……84
湯葉……86
おから……88
豆乳……184
農産乾物
干し大根……95
きくらげ……96
干ししいたけ……97
かんぴょう……136
ナッツ＆フルーツ……186
野菜
新野菜……98
キャベツ……100
うど……102
かぼちゃ……104
れんこん……107
大根……108
かぶ……110
ごぼう……112
青菜……114
白菜……116
海草
ひじき……91
刻みこんぶ／茎わかめ／芽かぶ……92
細寒天……144
おぼろこんぶ……152

第４章
野菜と海草のおかず……89

海草のおかず
ひじきとじゃがいものサラダ……90
ひじきとれんこんのいり煮……91
刻みこんぶとさつまいもの煮物……92
茎わかめともやしのしょうがいため……93
芽かぶと大根のサラダ……93

農産乾物のおかず
ごぼうと切り干し大根の煮物……94
切り干し大根とブロッコリーの酢の物……95
きくらげと白菜のくず煮……96
干ししいたけと車麩のごまクリーム煮……97

野菜のおかず
春夏
新野菜
新じゃがいもとグリンピースのスープ煮……98
新玉ねぎと新にんじんのロースト……99
キャベツ
キャベツのソテー・くるみソース……100
キャベツのアスパラ巻きサラダ……101
キャベツと玉ねぎの重ね煮……101
うどをまるごと食べよう
うどの芽の天ぷら……102
うどの皮のきんぴら……103
うどと厚揚げのさっと煮……103
かぼちゃ
かぼちゃのサラダ……104
かぼちゃと枝豆のうま煮……105
かぼちゃと松の実のソテー……105
秋冬
れんこん
れんこんのムニエル・黒酢ソース……106
れんこんと小松菜のお焼き……107
大根をまるごと食べよう
大根の皮のしょうが漬け……108
皮つき大根のきんぴら……109
大根の揚げだし……109
かぶをまるごと食べよう
かぶのしょうが焼き……110
かぶの丸蒸し・鉄火みそ添え……111
かぶとがんもの煮物……111
ごぼう
ごぼうのきんぴら……112
ごぼうとひじきのじっくり煮……113
たたきごぼう……113
青菜
ほうれんそうと車麩のくず煮……114
ほうれんそうと切り干し大根のごまあえ……114
小松菜の根っこごとかき揚げ……115
小松菜のチャンプルー……115
白菜
白菜と油揚げのうま煮……116

第５章
体質も考えて選べる季節の献立……117

自分に合った食べ方を知るための陰陽の体質チェック……118
陰陽にもとづく体と気質の分類……118
陰陽体質の４タイプ……119
陰陽体質のタイプ＆四季の食べ方……120

季節の献立
早春
朝ごはん……122
赤米入り玄米おにぎり・ごま塩と古漬けたくあん添え／せりと油揚げのみそ汁／菜の花の塩こんぶあえ
昼ごはん……124
レンズ豆と春にんじんのパスタ／キャベツと新玉ねぎのスープ
おやつ……124
もちあわ入りごまぼたもち
夕ごはん……126
ひじきの炊き込みごはん／小松菜と麩のみそ汁／たらの芽と新玉ねぎのかき揚げ／ふきと油揚げの煮物
晩春
朝ごはん……128
五穀入り玄米ごはん／かぶのみそ汁／新ごぼうとくるみの鉄火みそ／大根の梅あえ ★陰性タイプのアレンジメニュー いため大根の梅あえ
昼ごはん……130
ブロッコリーとかぼちゃの玄米おやき／豆苗ののりあえ
夕ごはん……132
押し麦入りごはん／もやしのみそ汁／たけのこと厚揚げの煮物／キャベツとわかめのしょうが酢あえ ★陰性タイプのアレンジメニュー ゆでキャベツとわかめのしょうがじょうゆあえ
梅雨
朝ごはん……134
金時豆と切り干し大根の梅サラダごはん／玉ねぎとわかめのみそ汁／きゅうりのぬか漬け ★陰性タイプのアレンジメニュー みそ漬け
昼ごはん……136
そら豆のチャンプルーサンド／かんぴょうとにんじんのピクルス ★陰性タイプのアレンジメニュー かんぴょうのごまあえ
夕ごはん……138
だしがらとしょうがの炊き込みごはん／にんじんの豆乳ポタージュ／車麩とカリフラワーのムニエル・ポン酢じょうゆ ★陰性タイプのアレンジメニュー ごまみそ／さやいんげんの煮びたし

第6章
穀物、野菜、豆、果物で作る スナック&スウィーツ……171

煮あずき……172
あずきのくず焼き……173
あずきとプルーンのミニパイ……174
いんげん豆のホットケーキ……175
かぼちゃと干しあんずの茶きんしぼり……176
かぼちゃと豆乳のくず粉プリン……177
干しいものそば粉揚げ……178
さつまいものクッキー……178
玄米だんご入りさつまいもしるこ……179
山いもと全粒粉の蒸しパン……180
黒ごまときな粉のプレッツェル……181
そばだんごのきな粉かけ……182
そば粉のパンケーキ・黒ごまソース……183
豆乳と長いものムース……184
豆乳とかぼちゃの全粒粉パンケーキ……185
ドライフルーツバー……186
ナッツ&レーズンの全粒粉クッキー……187
にんじんと干しあんずのごまお焼き……188
ドライフルーツのコンポート……189

さくいん……………………………………190・191

マクロビオティックへの
疑問・不安にお答えします

その1……18
- 肉や魚はどうして毎日食べてはいけないのですか？　たまに食べるときの注意点も教えてください。
- 胃腸が弱いので、玄米は消化が悪いのではないかと心配です。おかゆやおもちならよいのでしょうか？

その2……70
- 牛乳や乳製品をまったくとらないとカルシウムが不足するのではないかと心配ですが、だいじょうぶでしょうか？
- マクロビオティックではなぜ、食べる量や栄養のバランスを数字で示さないのですか？
- マクロビオティックでダイエットができますか？

その3……170
- 白砂糖はなぜ使ってはいけないのですか？
- チョコレートはポリフェノールが多く、体によいと聞きますが、食べてはいけませんか？
- 清涼飲料水でも砂糖不使用の製品ならいいでしょうか？

この本の使い方
- 材料の分量表記の1カップは200㎖、大さじ1は15㎖、小さじ1は5㎖です。
- 塩の分量は自然塩を使用した場合です。自然塩のほか、しょうゆ、みそ、酢、油、甘味料は、14〜15ページを参照してできるだけ純正なものを選んでください。

＊本書は、小社既刊の『おいしいマクロビオティックごはん　はじめの一歩』『体にやさしいマクロビオティックごはん　おいしいレシピ』を再編集しています。

盛夏
朝ごはん……140
天然酵母全粒粉パン／キャベツとにんじんのせん切りスープ／かぼちゃとコーンの蒸し焼き
昼ごはん……142
ごまだれそうめん／なすと長いものしぎ焼き ★陰性タイプのアレンジメニュー とろろそば／夏野菜のいため物
夕ごはん……144
とうふそぼろのかくやずし／きゅうりとレタスと細寒天のサラダ／もずくのすまし汁

初秋
朝ごはん……146
もちきび入り玄米ごはん／大根と油揚げのみそ汁／ひじきとれんこんのいり煮／しば漬け ★陰性タイプのアレンジメニュー 梅干し
昼ごはん……148
こまごま野菜のお好み焼き／黒ごま豆乳
夕ごはん……150
あずき入り玄米ごはん／けんちん汁／里いもとにんじんのこんぶ煮／青梗菜とおつゆ麩のごまあえ

晩秋
朝ごはん……152
玄米もちの磯辺焼き／にんじんとクレソンのみそ汁／白菜のおぼろあえ
昼ごはん……154
かぼちゃ入りみそうどん／切り干し大根とだしがらこんぶの酢漬け
夕ごはん……156
玄米の五分がゆ／しょうがみそ／玉ねぎとえのきだけのみそ汁／大豆つくねと野菜のソテー／さつまいものサラダ ★陰性タイプのアレンジメニュー さつまいものくずあんかけ

初冬
朝ごはん……158
かぼちゃ入り玄米おじや／ごま塩／ごぼうとれんこんとにんじんのきんぴら
昼ごはん……160
きんぴらと小松菜のみそチャーハン／ブロッコリーとおぼろこんぶのすまし汁
夕ごはん……162
そば粉のおやき／根菜のポトフ・ごまみそ添え／おろしれんこんのとろみスープ

厳冬
朝ごはん……164
玄米の10倍がゆ／大根とにんじんの即席麦みそ漬け／れんこんとこんぶのつくだ煮風
昼ごはん……166
ねぎそば／こまごま野菜と凍り豆腐の焼きだんご
夕ごはん……168
だまっことロール白菜の煮込み／寒漬けたくあん／あずきかぼちゃ

マクロビオティックは、自然環境と共存しながら健康に生きるための食事法です

身土不二

自分が生きている環境で育つものを食べましょう

マクロビオティックとは直訳すると、大きな（マクロ）生命（ビオ）学。生命を大きな視野でとらえて、生命の糧としての食を考える方法だと解釈できます。

そのマクロビオティックの食事法には3つのルールがあります。「身土不二《しんどふじ》」「一物全《いちぶつぜん》体《たい》」「陰陽調和《いんようちょうわ》」です。

「身土不二」とは、身体は生まれ育った土地と切り離せないという意味です。その土地で育った作物もまた、私たちと同じ空気と水を吸い、同じ太陽や月の光を浴びて熱を受け、同じ風に吹かれて、同じ性質を持っています。だからこそ、そこで生きる私たちの身体の環境適応能力を高めるよう働いて、生命の糧として役立つのです。

熱帯の産物は身体を冷やし、潤すように働き、寒帯の産物は身体をあたため、引き締めるように働きます。私たちが住む日本は季節がはっきり変化する温帯です。作物も本来は、季節ごとに大きく変わります。そうした本来の季節に育った作物を食べることで、私たちは高温多湿の梅雨も、乾燥した寒気に包まれる冬も、健康に乗り切ることができるのです。自分の身体も作物も、同じ環境に生きる生命体だというマクロな視点に立てば、石油を大量に使って遠い土地や季節はずれの産物を食卓にのせることはできないはずです。

一物全体

命あるものはまるごと食べましょう

穀物や野菜、豆など、素材から自分で調理する機会が減って、加工食品や調理ずみ食品をいつも食卓に並べたり、外食ばかりしていると、ついつい、食べ物にも生命が宿っているということを忘れてしまいます。自分で調理しても、皮も殻も芽も根もと、生命を維持してきたものをすべてはぎとってしまうと、残るのは半分以下の栄養の貯蔵庫だけ。それでは加工食品と大差ありません。

マクロビオティックの2つ目のルール「一物全体」とは、命あるものはまるごと全体で調和がとれている、という考え方です。とりわけ植物の種実を食べることになる穀物や豆は、まるごと命の源そのものです。マクロビオティック的にいえば、命の再生と活性化に必要なパワーが備わっています。

現代栄養学でいえば、精白のために捨てられる皮やぬか層、アク成分のなかにこそ、ビタミンB群やE、鉄やカルシウム、カリウムなどのミネラル、食物繊維、サポニンやイソフラボンなどの機能性成分などがそろっています。

栄養価を分析し、計算して食べなければならないのは、それらをそぎ落としてエネルギー源やタンパク質だけになった不自然な食品を集めるから。まるごと食べれば、計算しなくてもおのずから、自然環境に適応するために必要な成分が備わっているので、不足はないのです。

マクロビオティックの3つ目のルール「陰陽調和」は、「身土不二」と「一物全体」のベースとなっている、いわばマクロビオティックの根幹をなす考え方です。くわしくは次ページであらためて紹介しますが、「身土不二」と「一物全体」を実行することで、基本的には「陰陽」のバランスがとれる、つまり「陰陽調和」が得られると覚えておいてください。

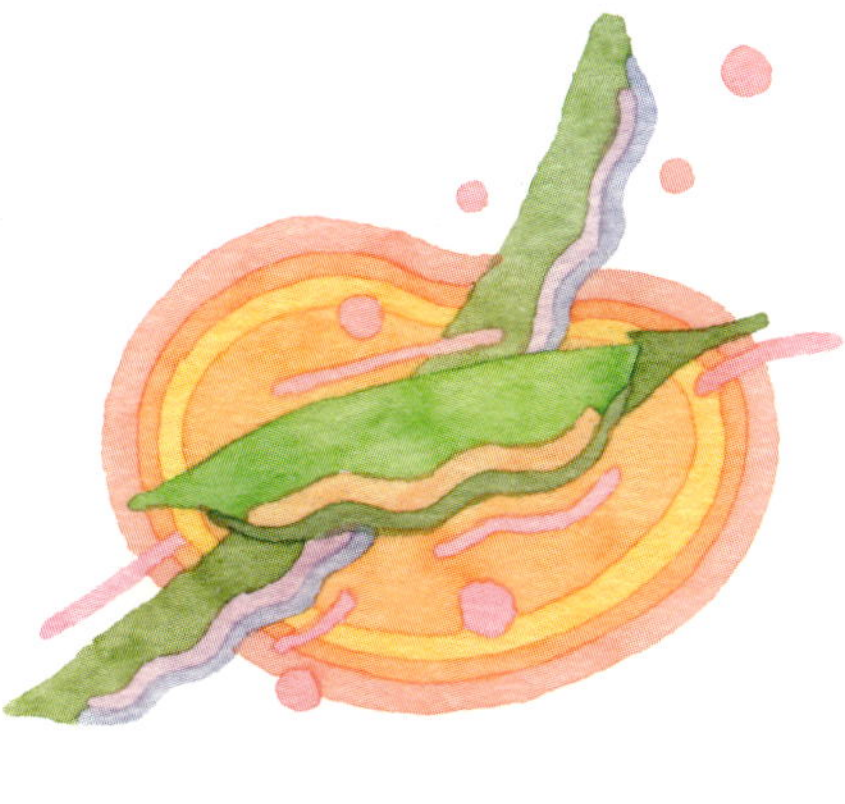

陰陽調和

自然界は「陰」と「陽」のエネルギーの調和

「身土不二《しんどふじ》」にのっとって食材を選び、「一物全体《いちぶつぜんたい》」を食べるとしても、食べ方が正しくなければ意味がありません。その食べ方のルールとしてマクロビオティックが説いているのが、「陰陽調和《いんようちょうわ》」という考え方です。

「陰陽」とは、この世のあらゆるものに、「陰」と「陽」という相反する性質の織り成すメカニズムが働いているとする東洋の伝統的な世界観です。そうした性質の例を左ページの表に示しましたが、端的にいうと、「陰」は拡散する遠心的なエネルギー、「陽」は収縮する求心的なエネルギーだとされています。

ただ、「陰陽」は絶対的な性質ではありません。ある性質を陽とすれば陰となる性質が出てくる、あるものが陽だとしても、さらに陽性の強いものにくらべれば陰性になる、というように、相対的な性質です。また、その性質は固定的なものではなく、互いに働きかけ、引きつけ合って変化している。双方の力が補い合いつり合ってバランスがとれている状態がもっとも安定して美しい……というのが「陰陽調和」の考え方です。

自然と産物と人との陰陽が調和してこそ自然食

「陰陽」は自然界で生きる人にも、自然の産物である食べ物にもあります。寒さという「陰」に向かう秋には、体をあたためる「陽」パワーのエネルギーを持つ根菜が実り、「陽」のエネルギーが強い夏には、体を冷やす「陰」のエネルギーを持つ夏野菜が実ります。自然の産物には、こうした栄養素を超える自然力が備わっており、その力が調和したものを食べることで人は健康を保つことができます。つまり、自然環境と、そこにできる産物と、そこで生きる人との陰陽を調和させる方法、それがマクロビオティックだといってもいいでしょう。

食べ物の陰陽も下の表に示しましたが、実は1つの野菜のなかでも、葉は陰性で、根は陽性、根に含まれるアクは陰性、というように、食べ物には陰陽が共存しています。だからこそ、「一物全体」としてまるごと食べることで調和がとれるのです。さらに調理法にも陰陽があり、自然界の陰陽のことわり（「理」）を生かしながら「調《ととの》」えたり「料《はか》」ったりして食べる、それがほんとうの意味の自然食であり、マクロビオティックなのです。

陰陽とは

陰性	陽性
遠心力	求心力
弛緩	緊張
上昇（浮力）	下降（重力）
大（拡張）	小（収縮）
長	短
精神	肉体
植物	動物
左	右
寒帯	熱帯
冬	夏
湿気	乾燥
休息	活動

食べ物（穀物、野菜）の陰陽

陰性	陽性
上に伸びるもの	横にはうもの
高く伸びるもの	背丈の低いもの
成長が早い	成長が遅い
水分が多い	水分が少ない
やわらかい	かたい
大きい	小さい
葉が広い	葉が細い
紫 藍 青 緑	黄 橙 茶 赤
辛 酢 甘	苦 渋 塩辛
カリウム	ナトリウム

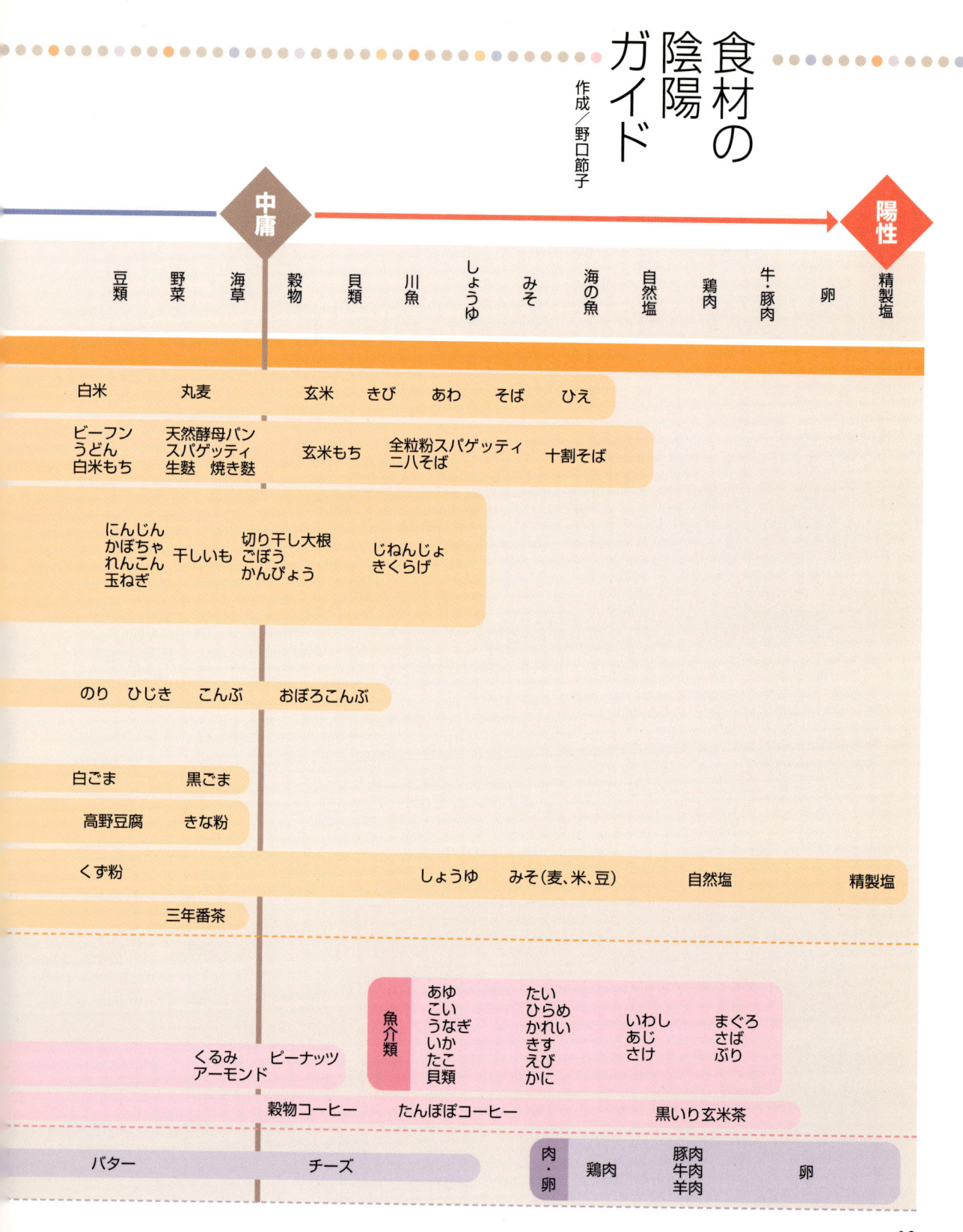

食材の陰陽ガイド

作成／野口節子

中庸 → 陽性

豆類　野菜　海草　穀物　貝類　川魚　しょうゆ　みそ　海の魚　自然塩　鶏肉　牛・豚肉　卵　精製塩

白米　丸麦　玄米　きび　あわ　そば　ひえ

ビーフン　うどん　白米もち　天然酵母パン　スパゲッティ　生麩　焼き麩　玄米もち　全粒粉スパゲッティ　二八そば　十割そば

にんじん　かぼちゃ　れんこん　玉ねぎ　干しいも　切り干し大根　ごぼう　かんぴょう　じねんじょ　きくらげ

のり　ひじき　こんぶ　おぼろこんぶ

白ごま　黒ごま

高野豆腐　きな粉

くず粉　しょうゆ　みそ（麦、米、豆）　自然塩　精製塩

三年番茶

くるみ　アーモンド　ピーナッツ

魚介類：あゆ　こい　うなぎ　いか　たこ　貝類　たい　ひらめ　かれい　きす　えび　かに　いわし　あじ　さけ　まぐろ　さば　ぶり

穀物コーヒー　たんぽぽコーヒー　黒いり玄米茶

バター　チーズ

肉・卵：鶏肉　豚肉　牛肉　羊肉　卵

マクロビオティックでは、陰陽のバランスを考えて食べることをたいせつにします（8ページ参照）。
食物の陰陽は最上段に示したような関係にあります。
各食材における陰陽の関係は下に図式化しましたが、これらは相対的なもので、
同じ野菜や穀物でも、育つ場所や形状、加工品は製法などによって陰陽は変化します。

陰性 ←

食物	白砂糖	酢	てんさい糖	酒	植物油	イースト	はちみつ	果物	きのこ	とうふ	水	ナッツ

食材

摂取頻度

週に数回

- **穀物**：はと麦　とうもろこし
- **穀物加工品**：イーストパン　精白小麦粉　地粉　全粒粉　そうめん
- **野菜**：生しいたけ　トマト　なす　ピーマン　じゃがいも／大和いも　セロリ　わさび　しょうが　長いも　干ししいたけ　里いも／ほうれんそう　ブロッコリー　青じそ　きゅうり　レタス　ゆず／ねぎ　にら　にんにく　さつまいも／小松菜　青梗菜　キャベツ　白菜　カリフラワー　パセリ／大根　かぶ　うど
- **山菜**：わらび　ぜんまい／よもぎ　せり　ふき
- **海草**：もずく　青のり　ふのり　わかめ
- **豆類**：そら豆　枝豆　いんげん豆　黒豆　大豆　レンズ豆　あずき
- **種実**：くり　ぎんなん
- **大豆加工品**：豆乳　とうふ　納豆　生湯葉　おから　厚揚げ　干し湯葉　がんもどき　油揚げ
- **調味料**：メープルシロップ　みりん　酢／黒砂糖　てんさい糖　かたくり粉／赤梅酢　米あめ
- **飲み物**：麦茶　ほうじ茶　番茶

週に数回

- **油**：オリーブ油　菜種油　ごま油
- **果物**：バナナ　パイナップル　キウィフルーツ／レモン　なし　ぶどう／もも　すいか／みかん　柿／りんご　いちご　ドライフルーツ
- **ナッツ**：松の実　カシューナッツ　くこの実
- **飲み物**：コーヒー　緑茶　紅茶

月に数回

- **乳製品**：牛乳　ヨーグルト　生クリーム

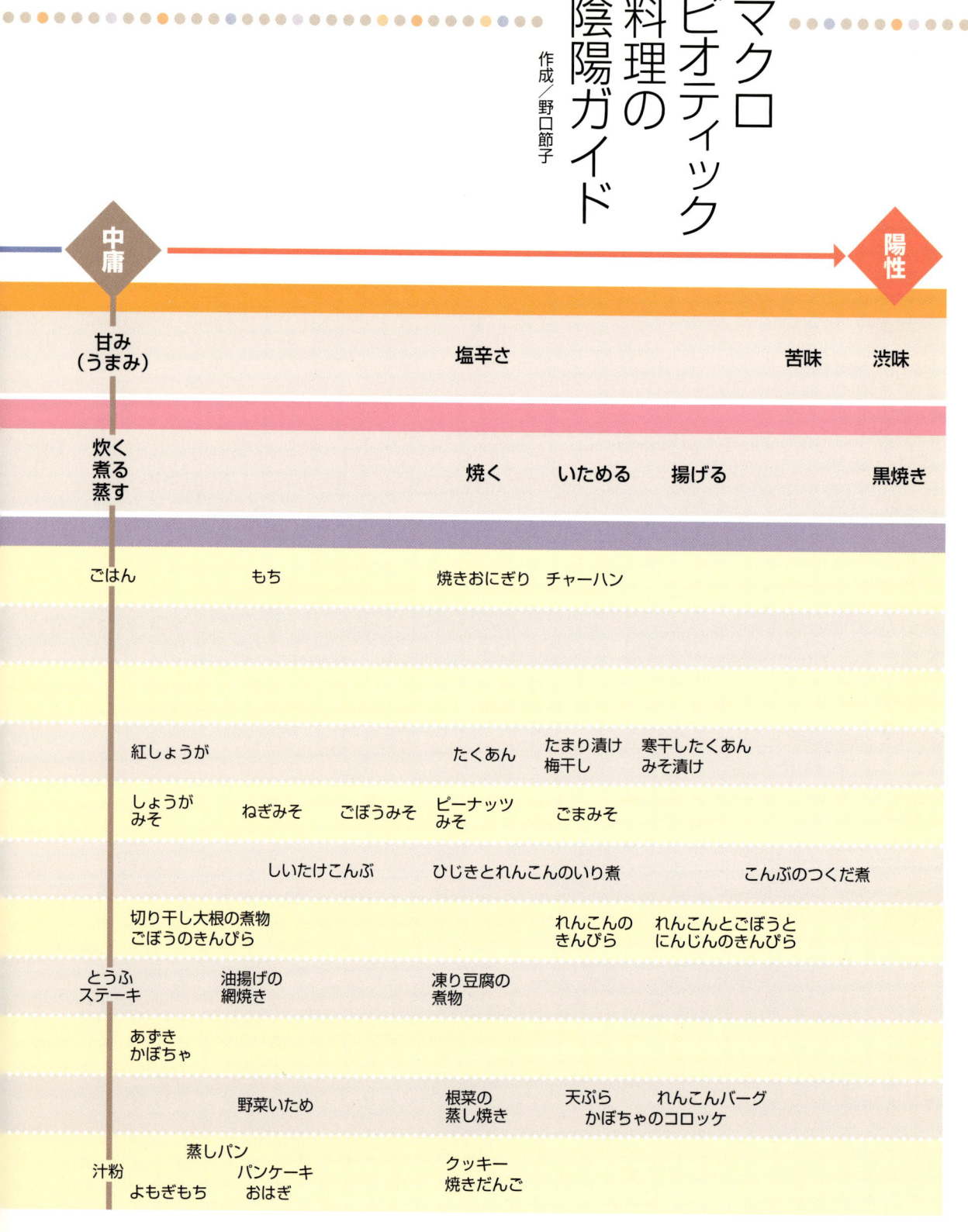

マクロビオティック料理の陰陽ガイド

作成／野口節子

中庸	→							陽性
甘み （うまみ）				塩辛さ			苦味	渋味
炊く 煮る 蒸す				焼く	いためる	揚げる		黒焼き
ごはん		もち		焼きおにぎり	チャーハン			
	紅しょうが			たくあん	たまり漬け 梅干し	寒干したくあん みそ漬け		
	しょうが みそ	ねぎみそ	ごぼうみそ	ピーナッツ みそ	ごまみそ			
		しいたけこんぶ		ひじきとれんこんのいり煮			こんぶのつくだ煮	
	切り干し大根の煮物 ごぼうのきんぴら				れんこんの きんぴら	れんこんとごぼうと にんじんのきんぴら		
とうふ ステーキ		油揚げの 網焼き		凍り豆腐の 煮物				
	あずき かぼちゃ							
		野菜いため		根菜の 蒸し焼き	天ぷら かぼちゃのコロッケ	れんこんバーグ		
汁粉	蒸しパン よもぎもち	パンケーキ おはぎ		クッキー 焼きだんご				

同じ食材でも、加熱温度や時間、圧力の強弱、水分量、塩味の濃淡など、
調理法によって、陰陽は変化します。
そこで、代表的なマクロビオティック料理の陰陽の関係を図式化しました。
食材の種類によって、また、切り方や大きさによっても多少異なるので、
目安として参考にしてください。

陰性 ←

味覚							
	えぐみ	辛味	酸味				
調理法							
	電子レンジ		生食		ゆでる		
料理例							
玄米料理			かゆ	おじや	ちらしずし	あずきごはん	
和風の汁物		納豆汁		けんちん汁	のっぺい汁		みそ汁
スープ	豆乳スープ		野菜スープ	ポタージュ	豆のスープ		
漬け物			浅漬け	べったら漬け	ぬか漬け 白菜漬け		しば漬け
みその常備菜							ゆずみそ
海草の常備菜							
野菜の常備菜					切り干し大根の 甘酢漬け		
大豆製品の料理	冷や やっこ	湯葉の 煮物		がんもどきの 煮つけ		いりとうふ	
豆料理					いんげん豆の 含め煮		黒豆の 含め煮
野菜料理	生野菜		夏野菜の 煮物	青菜のおひたし ポテトコロッケ	青菜のごまあえ		野菜の煮物
スナック& スウィーツ			寒天ゼリー	豆乳プリン	ゆであずき	さつまいもの茶きん 蒸しだんご	きんとん

体と地球にやさしい食材と調味料の選び方

「身土不二」「一物全体」というマクロビオティックのルールに照らせば、どんなものを選べばよいかは明らかです。生物本来の成長を応援して育てた作物と、そうした作物を原料に、できるだけ余分なものを使わずに昔ながらの製法で加工した調味料を選びましょう。

米・雑穀

ぬか層や胚芽ごと食べられる玄米・雑穀を

穀物は、炭水化物やタンパク質のつまった胚乳とともに、ビタミンやミネラル、食物繊維の豊富なぬか層や胚芽もいっしょに食べられる玄米や雑穀を選びたい。ただ、有害物質もぬか層や胚芽に多いので、日本農林規格（JAS）にのっとって栽培された「有機農産物」や、化学合成農薬や化学肥料を通常の半分以下にした「特別栽培米」が安心。

玄米　押し麦　あわ

パン

全粒小麦粉やライ麦粉を使った天然酵母パンがベスト

麦も、ふすまや胚芽をいっしょにひいた全粒粉は玄米と同じ一物全体の穀物だといえる。精白小麦に砂糖やバターをたっぷり使い、ベーキングパウダーやイーストでふくらましたパンは嗜好食品。主食として食べるには、防腐剤や品質改良材に頼らずに、鮮度のよい全粒粉をベースに、自然塩と水だけをまぜて天然酵母で発酵させたパンを選びたい。

粉

とろみはくず粉、調理には地粉を

くず粉は野生のくずの根を砕いて水でもみ出した伝統食品。いもデンプンのかたくり粉のかわりに、とろみづけなどに。国産小麦を殻ごとひいた全粒粉は、米でいえば玄米にあたるが、ひいたことで酸化しやすいので、新鮮なものを選び、早めに使うこと。国産小麦を精製した地粉（ぢごな）はグルテンが薄力粉より強いのでうどんに向く。

地粉　くず粉　全粒粉

野菜

まるごと食べられる「有機」や「特別栽培物」を

有害物質がたまりやすい根、殺虫剤を直接浴びる葉や皮も含めてまるごと食べるには、無農薬有機栽培野菜を選ぶと安心。薬品を使った洗浄や皮むき、漂白、害虫駆除、発芽抑制のための放射線照射など、収穫後の処理にも注意したい。

ごま

洗いごまをいって使うのがベスト

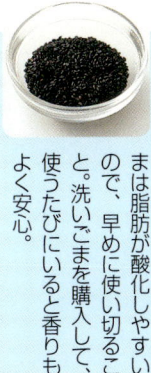

ごまは100％近く輸入品だが、最近は、国産品も少しずつふえている。水洗いしたごまの実を加熱乾燥させた洗いごまは、芯まで火が通っていないので、そのままでは食べられない。これをじか火焙煎したいりごま、すりつぶしたすりごま、ねりごまなどがある。いりごま、すりごまは脂肪が酸化しやすいので、早めに使い切ること。洗いごまを購入して、使うたびにいると香りもよく安心。

乾物

太陽の光で干し上げた〝ほんもの〟の乾物を

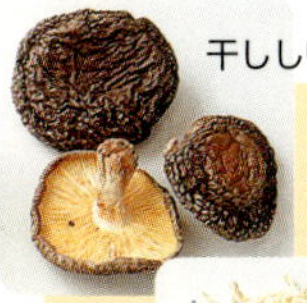

干ししいたけ

切り干し大根

きくらげ

乾物は、太陽のエネルギーを受けて陽性パワーを蓄える。同じ野菜や海草も、太陽光で乾燥することでより陽性になり、陰陽のバランスのよい食材になる。したがって、機械で乾燥した乾物は〝ほんもの〟とはいえない。農産物なら無農薬有機栽培、海産物なら天然物を、天日干しにし、漂白剤や保存料などの薬品を使わずに流通している製品がベストである。

みそ

天然醸造の豆か麦、米みそを

豆みそ

米みそ

麦みそ

蒸した大豆に、大豆か麦か米のこうじと塩を加えて半年から1年かけて熟成させたものが天然醸造みそ。大豆や麦、米が有機農産物で自然塩使用の製品がベスト。甘味料、着色料はむろん、アミノ酸やアルコール添加製品も避ける。なお、米みその白、赤、淡色の色の違いは、こうじや塩の割合、熟成時間や温度の違いから生まれる。

塩

日本の海水からつくった自然塩を

「自然塩」とは海水から直接作る天然の海塩のこと。海水に含まれるミネラルの成分比は人体の体液に近く、塩化ナトリウムのほか60種類ものミネラルを含むのでうまみも満点。外国の自然塩や岩塩ではなく、日本の海水を使った国産品がベスト。

酢

天然醸造の米酢を基本に

米酢は玄米酢がベストだが、くせがあるので、精白米の米酢でも。梅干しを漬けたときの赤梅酢は香りと色がよく、抗菌作用が強い。ゆずやかぼす、だいだいなどをしぼった果実酢は香りよく、酸味がおだやか。陽性の食材や料理に陰性のパワーを添えたいときに重宝なので、3種類をじょうずに使い分けたい。

果実酢　赤梅酢　米酢

しょうゆ

丸大豆・自然塩使用の天然本醸造を

丸大豆を蒸して、小麦と種こうじを加えて発酵させ、塩水と合わせて1～3年寝かせる本醸造しょうゆには、酵母や乳酸菌がいっぱい。カラメル色素やアミノ酸、アルコール添加の促成品は避けたい。

油

香り高く酸化しにくい圧搾しぼりを

原料の種子や穀物、果実を低温で圧搾して最小限度にろ過した製品がよい。国産ではごま油と菜種油だが、オリーブ油も嗜好品として使ってよい。化学溶剤と高温処理で抽出した精製油は、脂肪が酸化するので、脱臭剤や漂白剤、酸化防止剤なども使っており、できるだけ避けたい。

菜種油　ごま油　オリーブ油

甘味料

精製度の低いてんさい糖を

玄米から作られた米あめがベストだが、入手しにくいので、未精製のてんさい糖を。上白糖より吸収がゆるやかでオリゴ糖も多く、ビタミンやミネラルも含む。メープルシロップも天然甘味料としておすすめ。

現代栄養学から解くマクロビオティック

マクロビオティックの食事の基本は穀物、野菜、豆、海草です。
動物性食品をとらないとタンパク質が足りないのでは？
乳製品をとらないとカルシウム不足が……と心配なかたも少なくないでしょう。
そこで現代栄養学に照らしてマクロビオティックの栄養価を検証します。

マクロビオティック食事法ガイドラインと摂取量の目安

マクロビオティックでは、何をどう食べたらよいかを歯の構成を手がかりに考えます。人の歯は32本。そのうち穀物をつぶす臼歯が20本、野菜をかみ切る切歯が8本、肉や魚を食いちぎるための犬歯が4本です。つまり、人類は、穀物5、野菜2、動物性食品1の割合で食べてきたと推測できます。それを1日に何をどのくらい食べたらよいかを重量の割合で示したのが上の図です。

毎日とりたいのは日本の伝統食であるごはんと汁、野菜や豆、海草のおかずです。動物性食品も、果物や甘い菓子も嗜好品とみなし、たまの楽しみとします。

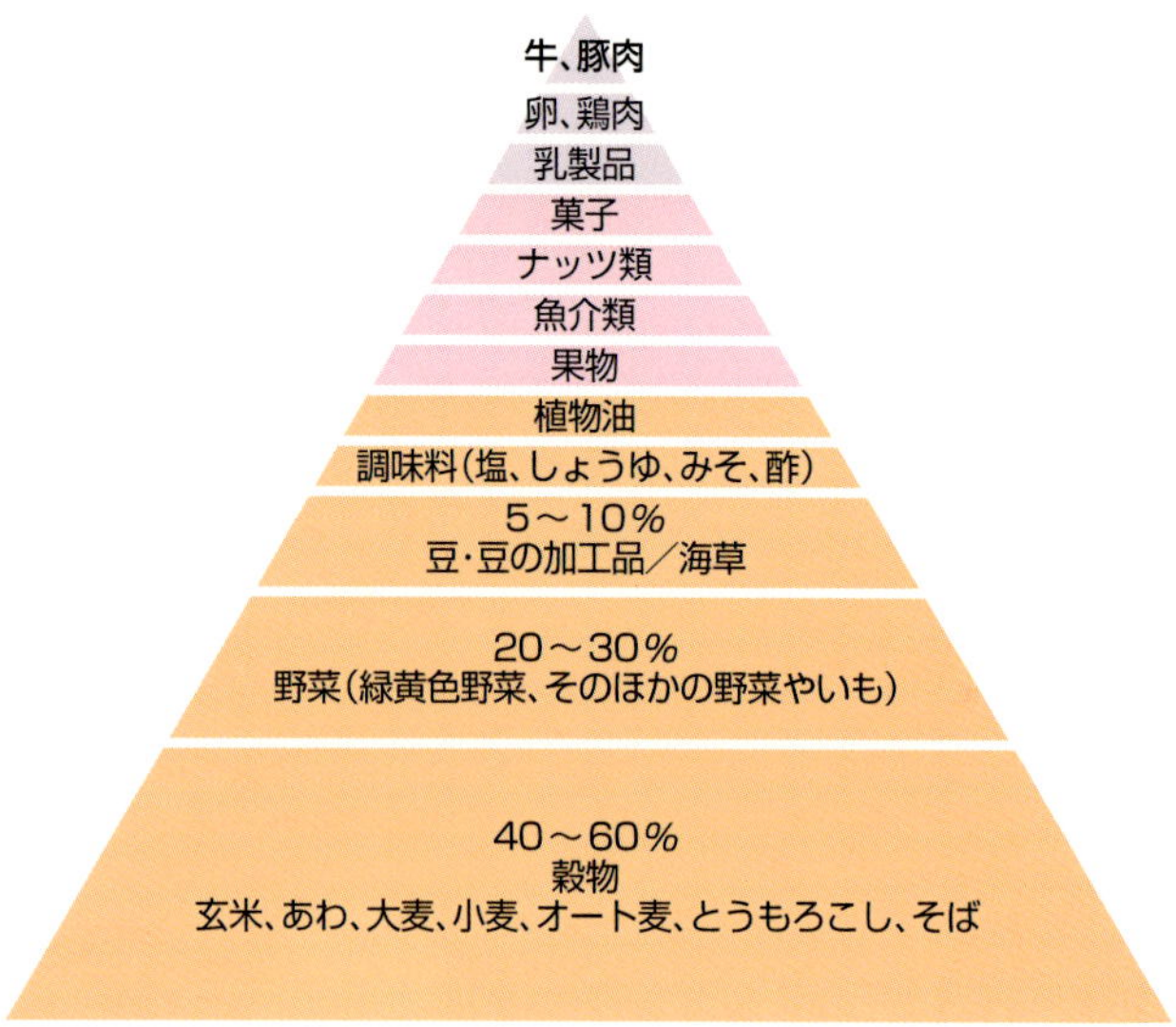

マクロビオティックでとる1日1600kcalの食品と目安量

マクロビオティックでは、玄米などの完全穀物を主食にした食事をとれば、自然に自分にとっての適量で満たされるとの考えから、食べる量を数値で示すことは通常ありません。しかし、栄養面での素朴な疑問を解消するため、あえて監修の野口節子先生に、1日の目安量を示していただきました。

食品群	目安量	食品例
玄米、雑穀	玄米160g、雑穀10g	雑穀入り玄米ごはん180g×2食
乾めん	100g	ゆでめんなら250g
いも類	60g	里いもなら1.5個、さつまいもなら小⅓個
緑黄色野菜	150g	青菜½わとにんじん¼本とかぼちゃ50g
その他の野菜	200g	大根5㎝とキャベツ1枚と玉ねぎ¼個
豆類（乾燥）	15g	ゆで大豆なら30g
大豆製品	120g	木綿豆腐なら⅓丁弱と納豆30g
海草（乾燥）	6g	塩蔵わかめなら12g
ごま・ナッツ類	10g	ごま大さじ1
植物油	10g	大さじ1強
調味料	食塩相当量8g	自然塩2.5g、しょうゆ20g、みそ15～30g

検証しました。マクロビオティックの栄養価

本書に掲載した献立から、早春の１日分の献立を例に、実際に栄養価を計算してみましょう。これは、料理研究家の石澤清美さんが日常の生活感覚で立てた献立です。その結果を、厚生労働省策定の「日本人の食事摂取基準」（２００５年版）と比較してみましょう。

●早春の献立の1日分を「日本人の食事摂取基準」と比較すると

早春の献立の栄養価は、食事摂取基準に比べて脂質とカルシウムは少なめですが、主要な栄養素はほぼクリア。とくに若い女性に不足しがちな食物繊維や鉄は２倍前後とれます。なお、食塩相当量は多めですが、これは計算上、天然素材中のナトリウムも算入されるため。食事摂取基準の目標量は加工食品や調味料などからとる添加塩分のみ。通常、肉や魚をとる食生活では天然素材中のナトリウムが１日1.0～2.0 gになるとされるので、ほぼ同じくらいになります。

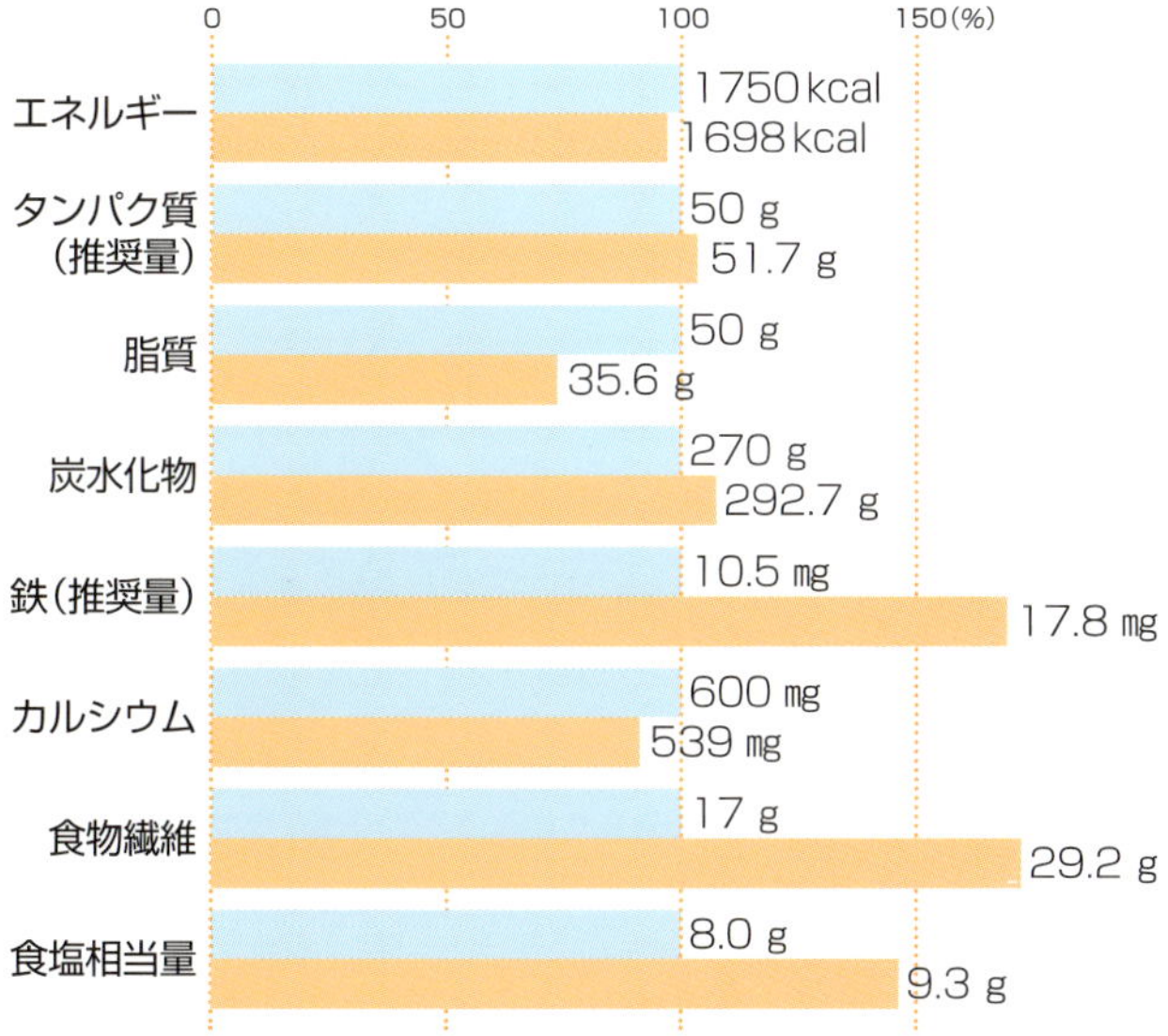

●色＝マクロビオティックの食事
●色＝18～29才女性（身体活動レベルⅠ）食事摂取量

食事摂取基準はデスクワークや家事を主体にしている18～29才の女性の場合。タンパク質と鉄は推奨量（必要量を満たすと推定される摂取量）、そのほかは生活習慣病予防の一次予防のためにめざすべき目標量を示した。脂質の目標量はエネルギー比25％、炭水化物は60％として算出。

●エネルギーの栄養素別摂取構成比（%）

平成19年度の国民健康・栄養調査結果によると、日本人全体の構成比は、タンパク質14.9％、脂質25.0％、炭水化物60.1％。しかし、男性の44.2％、女性の53.4％が、脂質エネルギー比25％を超えている。過去の調査結果をみると、脂質のとりすぎは炭水化物の摂取量の減少とセットになっている。穀物を中心としたマクロビオティックは、生活習慣病予防のための理想の割合により近い食事だといえる。

マクロビオティックの食事は

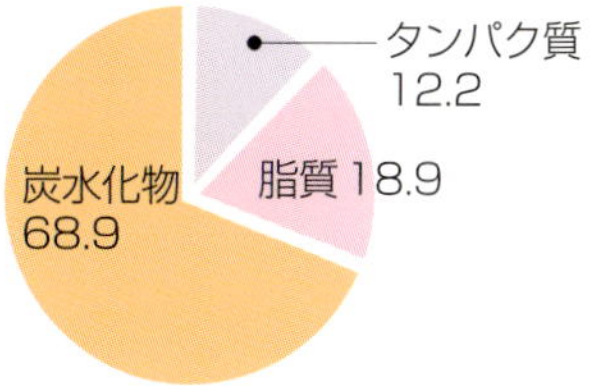

食事摂取基準の目安量

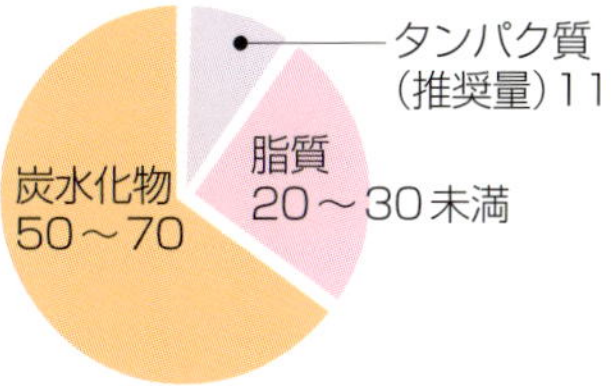

早春の献立（p122～127参照）の
栄養価（1人分）

●朝ごはん

赤米入り玄米おにぎり・
ごま塩と古漬けたくあん添え
せりと油揚げのみそ汁
菜の花の塩こんぶあえ

エネルギー：425kcal
タンパク質：12.3 g
カルシウム：188mg
食物繊維：7.4 g

●昼ごはん

レンズ豆と春にんじんのパスタ
キャベツと新玉ねぎのスープ

エネルギー：594kcal
タンパク質：22.4 g
カルシウム：83mg
食物繊維：11.3 g

●おやつ

もちあわ入りごまぼたもち

エネルギー：170kcal
タンパク質：4.3 g
カルシウム：62mg
食物繊維：2.0 g

●夕ごはん

ひじきの炊き込みごはん
小松菜と麩のみそ汁
たらの芽と新玉ねぎのかき揚げ
ふきと油揚げの煮物

エネルギー：509kcal
タンパク質：12.7 g
カルシウム：206mg
食物繊維：8.5 g

マクロビオティックへの疑問・不安にお答えします その1

解答者＝野口節子

肉や魚はどうして毎日食べてはいけないのですか? たまに食べるときの注意点も教えてください。

肉や魚などの動物性タンパク質食品は、良質なタンパク質が多く含まれ、体内でアミノ酸に分解されて細胞の新陳代謝に必要な体タンパク質に合成されて血や肉となり、エネルギー源にもなります。しかし、動物性タンパク質の摂取は次のような問題があります。

1 胃腸でアミノ酸に分解されても、完全に吸収されない。その残留物が腸内で腐敗して硫化水素やアンモニア、ニトロソアミンや活性酸素になり、老化を促進したり、がんなど慢性病を招くと考えられる。

そこで肉類を食べるときには、タンパク代謝に必要なビタミンをとるために野菜を十分摂取することがすすめられるのです。

2 食品の種類や個々人の消化力の違いにより、タンパク質がアミノ酸に完全に分解されないことがある。それが腸から直接、異物として血液中に入ることがあり、アレルギー性疾患を招くことがある。

3 タンパク質をとりすぎると体内のカルシウムの不足も招く。

4 肉類のとりすぎは飽和脂肪酸のとりすぎにつながり、動脈硬化性疾患を招く。

また、日本人は、動物性食品を多食してきた西欧人より腸が長く、腸内停滞時間も排泄時間も長いので、肉を多く食べると、その中間産物である有害な物質が吸収されて内臓機能に影響すると考えられています。日本人が毎日、肉を食べるようになったのはつい最近なので、まだ生理機能が肉食に十分適応していない可能性があります。

日本人の体にとっては肉よりも魚のほうが生理的に適しているといえます。魚の脂肪は肉とは逆に、血液の流れをよくしてくれます。

まるごと食べられる小魚類ならカルシウムも多く、内臓に含まれる環境汚染物質も少ないからです。肉類なら、牛、羊、豚肉よりは鶏肉のほうがより好ましいといえます。

いずれも週1～2回以下とし、一度に食べる量は100g以下にし、野菜をたっぷり添えて食べるようにします。

胃腸が弱いので、玄米は消化が悪いのではないかと心配です。おかゆやおもちならよいのでしょうか?

原則として玄米ごはんをすすめます。一般に玄米ごはんは、精白米ごはんより消化吸収が悪いとされていますが、十分に火が通るように炊いたものをよくかんで食べれば、だ液の分泌が高まり、消化がよくなります。胃腸が弱い人は特に、よくかむ習慣をつけることが体質改善につながると考えられるので、1日1食は玄米ごはんをよくかんで食べるようにすることをおすすめします。

おかゆは白米でも玄米でも、やわらかく炊けば、ごはんより消化がよいはずですが、かみしめるというより、さらさらと飲み込んでしまいがちで、かえって消化が悪くなることがあります。もちはもちろん、もっとも消化がよく、かさのわりにエネルギー量も高いので、体調が悪いときの栄養補給には絶好です。ただ、常食にするとかむことがおろそかになりがちなので、あまり頼りすぎないことです。

じょうずに炊いてよくかんでも玄米ごはんでは調子が悪いという場合は、五分づき米や七分づき米を炊くとよいでしょう。

第1章

食事の主役は穀物です

マクロビオティックの主役は、1日の食事の半分以上を占める主食です。たいせつなことは、この主食に、精製した白米ではなく、玄米や分づき米を使うことです。

まずは、シンプルな玄米ごはんに汁物を添えて、まるごとの穀物の香ばしさや甘みをじっくりと味わってください。玄米がボソボソとして食べにくいという人は、玄米の炊き方のコツをつかんでください。圧力鍋や土鍋を使うと、ふっくらおいしく炊けます。水かげんは、最初は玄米の量の4割増しにすると、やわらかめに炊き上がり、食べやすいでしょう。慣れてきたら2～3割増しにするなど、好みでかげんしましょう。

まぜごはんやリゾット、チャーハンなども試してみましょう。野菜の風味や甘み、油やごまなどのコクが加わるので、いっそう食べやすいはずです。ときどき玄米に雑穀をまぜたり、それぞれの個性を生かした雑穀メニューに変えてもよいでしょう。体調や好みでバリエーションを楽しみましょう。

そうして穀物をしっかり食べていると、食卓からいつの間にか、肉や魚料理が姿を消していくかもしれません。そうなったら、おかずもマクロビオティックに切りかえましょう。71ページから、玄米ごはんに添えたい主菜や副菜を豊富に紹介しています。

自分好みにアレンジできる玄米の炊き方

圧力鍋、玄米モードつき自動炊飯器、厚鍋があれば玄米は炊けます。炊きあがりの食感は少しずつ違います。いろいろな方法を試してみて、好みや季節に合わせて選ぶと、同じ玄米でもさまざまな味が楽しめます。

玄米は完全栄養食品

玄米は米からもみ殻を除いたもの。これから、果皮、種皮、ぬか層、胚芽を除いて残った胚乳が、白米です。胚乳はタンパク質と炭水化物の宝庫。でも、それを体内で効率よく利用するために必要なビタミンやミネラルは、ぬか層や胚芽に多く含まれ、皮は食物繊維が豊富。これらをまるごと食べる玄米は、完全栄養食品で、まさに「一物全体」なのです。

ただ、玄米は消化がよくないので、じっくり時間をかけるか、圧力をかけて加熱する必要があります。傷みやすいという点にも注意しなければなりません。

玄米

ぬか層や胚芽は栄養素とともに有害物質もたまりやすいので、白米以上に安全性に注意を。無農薬の有機栽培米がベスト。表面の果皮は衝撃に弱く、傷つくと酸化しやすいので、少量パックで買うこと。

七分づき米

玄米からぬか層を７割除いた米。最も白米に近いので、白米離れの第一歩におすすめ。五分づき、三分づきと、ステップアップするとよい。玄米を購入し、スーパーなどの精米機で自家精米してもよい。

発芽玄米

1mmくらい発芽させて止めた製品。果皮や種皮がやわらかくなって消化がよくなり、生活習慣病予防に役立つ機能性成分も豊富。白米と同様に炊けるのも魅力の一つ。傷みやすいので冷凍保存にすると安心。

胚芽精米

玄米からぬか層だけを除いて胚芽を残した米。栄養的には玄米と白米の中間だが、ビタミンB_1とEは胚芽に集中しているので豊富に含まれる。白米と同じように炊けて消化もよく、くせがないので食べやすい。

マクロクッキングメモ

玄米ごはんの保存法

冷蔵庫でも翌日までおくと風味が落ちやすいので、冷凍保存が安心。塩を加えずに炊くと冷凍庫内でも発酵しやすいので、必ず塩を入れて炊き、熱々のところをラップに包み、ポリ袋に入れて冷凍する。解凍は蒸すか、雑炊やおかゆなどに調理して。

洗い方と吸水

いちばん外側の果皮は衝撃に弱く、欠けると脂質が空気にさらされて酸化しやすくなる。白米のようにこすり洗いをせずに、水の中でやさしくまぜ、もみ殻の残りなどを除く。

米の1.2〜1.5倍の水に5時間以上つける。朝炊くなら前日の夜から、夕食に炊くなら朝からつけておく。夏は浸水中に酸化する心配があるので、冷蔵庫に入れたほうが安心。

炊き方3種

玄米は圧力鍋だけでなく、土鍋でも炊けます。炊飯器でも玄米モードがある機種なら炊けます。それぞれ粘りけややわらかさ、陰陽のパワーも違うので、季節や体調、好みによって炊き分けてください。なお、いずれも傷まないよう、炊くときに塩を一つまみ加えます。

土鍋で

特徴：ふっくらとかみごたえもあり、圧力鍋と炊飯器の中間の炊き上がり。

ポイント：強めの中火にかけ、煮立ったら弱火にして、土鍋の空気穴にようじなどで封をして35〜45分炊き、15分蒸らす。ステンレス多層鍋も同様に。

炊飯器で

特徴：陰性寄りなので、夏場や陽性タイプの人に向く。粘りけの少ないあっさりとした味。

ポイント：やわらかく炊くには、十分に吸水させること。水かげんも多めにするとよい。炊いたあと、保温機能を長時間使うとパサパサになるので注意する。

圧力鍋で

特徴：もちもちとして粘りと甘みのある味で、陽性パワー大。

ポイント：急ぐときは吸水しなくてもよい。機種によって多少異なるが、強火にかけて圧力がかかったら弱火にして25〜30分炊き、火を止めたあと、10〜15分蒸らしたら、上下を返して、できればおひつなどに移す。

玄米をおいしく、バランスよく食べるためのごま塩&ふりかけ

玄米はカリウムとマグネシウムが多いので、塩のナトリウムを添えると、陰陽もミネラルもバランスがとれます。特にごま塩は、ごまの陰性パワーが働くのでさらに陰陽のバランスがよくなります。栄養的にもごまは、鉄とカルシウム、ビタミンB群、抗酸化物質と、玄米ごはんの成分を補う栄養素の宝庫です。ごまにかわって活躍してくれるふりかけも紹介します。

ごまと塩の割合は中庸の場合です。陽性や陰性タイプは120ページを参考にかげんしてください。
ごまは黒ごまが基本です。
白ごまのほうが少し脂肪が多く陰性なので、夏場や陽性タイプの人は白ごまで作ってもいいでしょう。

ごま塩

材料（基本の割合）
黒ごま・・・・・・大さじ10（90g）
塩・・・・・・・・大さじ1（18g）

作り方

1 塩は乾いた厚手の鍋に入れて弱火にかけ、さらさらになるまでからいりする。

2 熱いうちにすり鉢に移して粉状になるまでする。

3 ごまも厚手の鍋に入れて弱火にかけ、パチパチはねるまでいる。

4 2の塩にごまを入れて、ごまの粒がなくなるまですりまぜる。

memo すったごまは酸化しやすいので、冷暗所に保存して1週間以内に使い切る。

麦みその甘みとごまの香ばしさがうれしい

ごまみそ

材料（作りやすい分量）
麦みそ・・・・・・100g
いり白ごま・・・大さじ5
青のり粉・・・・大さじ1

作り方

1 フライパンにみそを入れ、木べらでまぜながら弱火でいり、水分を2〜3割飛ばす。

2 ごまは乾いたフライパンで弱火でいって、つやが出たらすり鉢に移し、あらくする。みそを加えてすり合わせ、最後に青のり粉をまぜる。

みそはへらでこすったときに水分がしみ出てこなくなるまでいると、水分が飛んで重量が75g程度になる。

memo さらさらにしたければ、フードプロセッサーにかけるとよい。

天然のうまみと香りを
まるごといただく

しいたけのり

材料（作りやすい分量）
干ししいたけ・2枚（10ｇ）
焼きのり・・・・・大1枚
松の実・・・・・・30ｇ
塩・・・・・・・小さじ1

作り方

1 しいたけはおろし器ですりおろして粉状にする。

2 松の実はオーブンペーパーを敷いた天板に並べてオーブントースターに入れ、弱火でカリッとするまでローストする。

3 フードプロセッサーかミキサーに松の実をかけて粉状にし、のりもちぎって塩とともに加え、さらに攪拌して粉状にし、1とまぜる。

干ししいたけはおろし器でおろせば、かたい軸もむだなく使える。だしがら（55ページ参照）を干して使ってもよい。

香ばしさ満点

のりきな粉ふりかけ

材料（作りやすい分量）
のり・・・・・・・大2枚
きな粉・・・・・大さじ2
塩・・・・・・・小さじ1

作り方

1 のりは遠火にかざして香りが立つまであぶり、ポリ袋などに入れてこまかくもむ。

2 きな粉と塩を加えてよくまぜる。

3 油けのないフライパンで軽くいってぱらりとさせる。

のりはポリ袋の中でもむと、こまかくしやすい。ここにきな粉と塩も加えてまぜる。

赤じそを調味料にして

ゆかりこんぶ

材料（作りやすい分量）
梅干しの赤じそ・・50ｇ
だしがらこんぶ
（55ページ参照）・50ｇ

作り方

1 赤じそは水けをしぼって包丁でこまかくたたくようにして刻む。

2 だしがらこんぶもみじん切りにし、赤じそとまぜる。

赤じそはこまかく刻む。ゆかりのような乾燥したふりかけにしたければ、刻んでからざるに広げて天日に干して水分を抜くとよい。

memo 市販の梅干しを使う場合は、化学調味料やアミノ酸などを使っていないものを選ぶ。

陰性パワーが強いから
雑穀にも

くりごまふりかけ

材料（作りやすい分量）
焼きぐり（または甘ぐり）
・・・（むき実で）50ｇ
いり白ごま・・・大さじ1
塩・・・・・・・小さじ1

作り方

1 くりはざっと刻んですり鉢に入れ、こまかくすりつぶす。

2 いったごまと塩を加えてすりまぜる。

3 油けのないフライパンに入れて弱火にかけ、ぱらぱらになるまでいる。

最後にフライパンなどに移してからいりして湿けを飛ばしておくと傷みにくい。

memo よく冷ましてから保存びんなどに入れて冷暗所に保存すれば、1週間はもつ。他のふりかけも同様。

玄米のごちそうごはん

朝は汁と少量のおかずを添えて
しっかり食べたい玄米ごはんですが、
手軽にすませたい昼食や、
タンパク質も補給したい夕食には、
野菜や大豆製品をプラスした
玄米料理が重宝です。
チャーハンやチヂミなどは、
冷めてかたくなった
玄米の冷やごはんの食べ方としても
おすすめです。

大豆のタンパク質とうまみを
たっぷり添えて

揚げそぼろの かくやめし

材料（2人分）

玄米ごはん	300 g
大根	100 g
にんじん	40 g
塩	小さじ¼
三つ葉	少々
いり白ごま	大さじ1
揚げそぼろ	
油揚げ	1枚
A みそ	大さじ1⅔
A だし	大さじ2
A しょうがのみじん切り	小さじ½

作り方

1 大根とにんじんは5㎜角に切り、塩をまぶす。

2 **1**がしんなりしたら軽くもみ、出た汁ごと温かいごはんにまぜる。

3 三つ葉も短く刻み、飾り用に葉先を少しとり分け、残りはごまとともに**2**にまぜる。

4 油揚げはみじん切りにしてフライパンに入れ、Aを加えて弱火にかけ、味がなじむまでいり煮にする。

5 **3**のかくやめしを器に盛り、**4**の揚げそぼろをかけ、三つ葉の葉先を飾る。

油揚げがみそやだしを吸ってパラパラになるまで、じっくりといり煮にする。

memo

揚げそぼろは冷蔵庫で翌日までもつので、余分に作り、ゆで野菜にかけたり、そばにのせてもよい。

オリーブ油のコクとなめらかさで食べやすく

ミックス豆のサラダごはん

材料（2人分）

玄米ごはん（あたたかいもの）……300 g
ミックス豆（缶詰め）……100 g
玉ねぎ……⅓個
A　酢……大さじ1.5
　　塩……小さじ¼
　　オリーブ油……大さじ1.5
レタス……少々

作り方

1 玉ねぎはみじん切りにする。

2 大きなボウルにAを合わせてよくまぜ合わせ、玉ねぎを加え、少しおいてなじませる。

3 ミックス豆は缶汁があればきり、あたたかい玄米ごはんとともに2のボウルに入れてさっくりとまぜる。

4 レタスを一口大にちぎって3を包むようにして盛りつける。

memo

ミックス豆の缶詰めは水煮より蒸しゆでタイプのほうが歯ごたえもうまみもある。好きな豆1種類のみを使っても。

ビタミン·ミネラル満点、
香りも満点の定番の味

菜っぱとごまのまぜごはん

材料（2人分）

玄米ごはん……300～350 g
大根の葉……100 g
いり白ごま……大さじ2
塩……小さじ⅔

作り方

1 大根の葉はたっぷりの熱湯でゆで、水にとってしぼり、こまかく刻む。

2 大根葉に塩を振って5分おき、しんなりしたら水けをぎゅっとしぼる。

3 あたたかい玄米ごはんに大根葉といりごまを加えてさっくりとまぜる。

酸味のきいたさっぱり味は
夏の盛りにおすすめ

梅干しと水菜の手巻きずし

材料（2人分）

玄米ごはん・・・・・・・・・・300 g

合わせ酢

- 酢・・・・・・・・・・・・大さじ1.5
- りんごジュース・・・・・大さじ1
- 塩・・・・・・・・・・・・小さじ1/5

いり白ごま・・・・・・・・大さじ1

水菜・・・・・・・・・・・・・1株

梅干し・・・・・・・・・・・・1個

焼きのり・・・・・・・・・・・2枚

作り方

1 小さなボウルに合わせ酢の材料を合わせてよくまぜ、塩をとかす。

2 玄米ごはんを温かいうちに飯台か大きなボウルに入れ、**1**を回しかけて木べらで手早くあおりまぜて、ごまを散らす。

3 水菜は洗って水けをよくきり、長さを半分に切る。梅干しは果肉をちぎる。

4 のりを4等分にし、**2**のすしめしをのせて水菜と梅干しをのせ、くるっと巻いて器に盛る。

memo

食卓にすしめし、**3**の梅干しと水菜、4つに切ったのりを用意し、各自でくるんで食べてもよい。

ひと手間かけた凍り豆腐そぼろで
うまみ満点

五目ちらしずし

材料（4人分）

玄米		2カップ
凍り豆腐（高野豆腐。80ページ参照）		1枚
干ししいたけのだしがら（55ページ参照）		2枚
れんこん、にんじん		各80 g
三つ葉		少々
A	酢	大さじ4
	塩	小さじ½
B	だし	½カップ
	しょうゆ	小さじ1
	塩	小さじ¼
C	塩	小さじ⅙
	薄口しょうゆ	小さじ⅕
	だし	大さじ3
梅酢		大さじ½

作り方

1 玄米は1.4倍の水かげんで炊く。

2 炊き上がった玄米にAを回しかけ、さっくりとまぜておく。

3 凍り豆腐は水に浸してもどし、水けをきつくしぼってすりおろす。小鍋に入れてBを加え、弱火にかけてぽろぽろになるまでいる。

4 れんこんは薄い輪切りにして飾り用に数枚とりおく。残りは1.5㎝角に刻む。にんじんとしいたけは2㎝長さの細切りにする。飾り用のれんこん以外の野菜を鍋に合わせ、Cを加えて汁けがなくなるまで煮る。

5 飾り用のれんこんは熱湯でさっとゆで、梅酢をからめる。

6 2のすしめしに4の具を加えてさっくりとまぜ、器に盛る。上に3のそぼろを散らし、5の梅酢に染まったれんこんを添え、三つ葉をざく切りにして散らす。

凍り豆腐はもどしてすりおろし、いって火を通すと、見た目も味も鶏そぼろそっくり。

食物繊維とカリウム満点メニュー

キャベツとひじきの ごぼうチャーハン

材料（2人分）

玄米ごはん……300 g
キャベツ……100 g
ごぼう……100 g
ねぎ……½本
ひじき……10 g
ごま油……大さじ1
みそ……大さじ1.5
塩……少々

作り方

1 キャベツはざく切りにする。ごぼうはささがきにする。ねぎは縦半分に切ってから小口切りにする。ひじきはさっと洗う。

2 フライパンに油を熱してごぼうとひじきをいため、しんなりとしてつやが出たらねぎを加えていため、ごはんを加えてさらにじっくりといためる。

3 全体に油が回ってつやが出てパラリとしたら、みそと塩を加えて調味し、最後にキャベツを加えて大きくまぜながらいため合わせる。

memo

玄米ごはんのお冷やを使う場合は、ごはんをフライパンに入れてざっといためたら、蓋をして弱火で蒸らしながらいためて芯まであたためる。

いためた香ばしさで玄米のクセが消える

にんじんとわかめのチャーハン

材料（2人分）

玄米ごはん……300～350 g
にんじん……½本
わかめ（塩蔵）……15 g
ねぎ……½本
ごま油……大さじ1
塩……少々
しょうゆ（あれば薄口）……小さじ½

作り方

1 にんじんは2～3㎜角に刻む。わかめは水でもどして塩抜きをし、1㎝角に刻む。ねぎはあらみじんに刻む。

2 フライパンに油を熱してにんじんとねぎをいためる。しんなりしてねぎの香りが立ったら玄米ごはんを加え、ほぐしながらじっくりといためる。

3 油が全体に回ってもっちりとした感じになってきたらわかめを加え、塩としょうゆで味をととのえる。

memo

乾燥わかめなら水にしばらくつけてもどし、水けをよくしぼって刻む。

れんこんの粘りけで、卵なしでも口当たりよく香ばしい

玄米とれんこんのもっちりチヂミ

材料（2人分）

玄米ごはん	250 g
れんこんのすりおろし	100 g
にら	½わ（50 g）
ねぎ	½本
カットわかめ	5 g
紅しょうが	20 g
塩	少々
ごま油	大さじ1

作り方

1 にらはざく切りにする。ねぎは縦半分に切って斜めに薄く切る。

2 ごはんにおろしれんこんを加えてまぜ、にら、ねぎ、乾燥のままのわかめを順に加えてよくまぜる。最後に紅しょうがを加えて塩で調味する。

3 フライパンに油を熱し、**2**を玉じゃくしで一口大ずつ落とし、へらで押さえて平らにならし、両面を香ばしく焼く。

れんこんは汚れを洗ったら皮つきのまますりおろし、水けをしぼらずに玄米ごはんにまぜる。

じっくりとかみしめて味わう
トレーニングに最適

ごぼうとひじきの炊き込みごはん

材料（4人分）

玄米	2カップ
ひじき	15 g
ごぼう	1本（250 g）
しょうゆ	大さじ1
塩	小さじ½

作り方

1 玄米は2.6～3カップの水に5時間から一晩浸す。

2 ひじきはざっと洗い、水けをきって短く刻む。

3 ごぼうは汚れを洗い、皮つきのまま厚めのささがきにする。

4 **1**にしょうゆと塩、ひじきとごぼうを加え、21ページの玄米と同様に炊く。

抗酸化物質、アントシアニンがたっぷり

黒米と黒豆の炊き込みごはん

材料（2人分）

玄米	2カップ
黒米	大さじ1.5
黒豆	¼カップ
塩	少々

作り方

1 玄米、黒米、黒豆を厚手鍋に入れて水3カップを注ぎ、5時間から一晩おく。

2 塩を加えて普通の玄米と同様に炊く（21ページ参照）。

黒米

古代から栽培されてきた古代米の一種。ぬかに黒紫色の色素が含まれており、この色素には抗酸化作用を持つアントシアニンが豊富。古代中国では滋養強壮効果で珍重された。

玄米好きにはこたえられない香ばしさ

かぼちゃといり大豆のパエリア

材料（2人分）

玄米・・・・・・・・・・・・・2カップ
かぼちゃ・・・・・・・・・・・100 g
大豆（乾燥）・・・・¼カップ（50 g）
にんじん・・・・・・・・・・・・40 g
玉ねぎ・・・・・・・・・・・・・½個
カットわかめ・・・・・・・・・・3 g
オリーブ油・・・・・・・・・大さじ1
しょうゆ・・・・・・・・・・小さじ2
塩・・・・・・・・・・・・・・・少々

作り方

1 玄米はたっぷりの水に3時間以上浸してから、ざるに上げて水けをきる。

2 かぼちゃは5～6㎜厚さのくし形に切る。

3 にんじんと玉ねぎはあらいみじん切りにする。

4 大豆はフライパンに入れて弱火でじっくりといるか、オーブントースターの天板に広げて弱加熱で12分ほど焼いていり大豆にする。きつね色になり、かんで食べられればよい。

5 厚手鍋に油を熱して3を入れてしんなりするまでいためる。玄米を加えて全体につやつやになるまでいため合わせる。

6 水3.5カップを用意し、5にまずかぶるまで注ぎ、4を加えて平らにならす。ときどきまぜながら弱めの中火で煮る。汁けがなくなってきたら残りの水を注ぎ、しょうゆと塩を加える。

7 ときどき底からまぜながら中火で煮、汁けがひたひたになったらかぼちゃとわかめを散らし、蓋をして弱火で15分蒸し煮にする。炊き上がったら蓋をしたまま10分蒸らす。

水は3.5カップを2回に分けて加える。最初は、いためた玄米を平らにならして全体にかぶるまで注ぐ。

疲労回復におなかにやさしい一品です

長いもとくこのおかゆ

材料（2人分）

玄米	½カップ
長いも	100g
くこの実	大さじ1
塩	少々

作り方

1 玄米はたっぷりの水につけて5時間から一晩浸す。

2 炊く直前に水けをきって土鍋や厚手鍋に移し、5～10倍量の水（2.5～5カップ）を加えて火にかける。鍋底に玄米がくっつかないように底から静かにまぜ、湯げが立ってきたら蓋をして煮る。煮立ってきたら火を弱めて蓋をずらしてかけ、ふきこぼれない程度の弱火にして1時間炊く。

3 長いもは皮ごときれいに洗って輪切りにし、おかゆが炊き上がる5分前に加える。洗ったくこの実も加え、やわらかくなるまで煮る。

4 最後に塩を振り入れて味をととのえ、ねらないようにさっとまぜる。

厚手のステンレス多層鍋や土鍋で炊くとふきこぼれやすいので、煮立ったら蓋をずらす。

memo

番茶の量は好みや体調によって、玄米の5～10倍量でかげんする。

夏バテの食欲不振に絶好

梅茶がゆ

材料（2人分）

- 玄米 ・・・・・・・・・・・・ ½カップ
- 梅干し ・・・・・・・・・・・・・ 2個
- 番茶（煎じたもの） ・・ 2.5～5カップ
- 塩 ・・・・・・・・・・・・・・・ 少々

作り方

1 玄米はたっぷりの水に5時間から一晩浸す。

2 水けをきって厚手鍋に移し、あら熱がとれた番茶を注ぎ、火にかける。底からまぜてあたたまってきたら蓋をして煮る。煮立ったら蓋をずらしてかけ、ふきこぼれない程度の弱火にして1時間炊く。

3 塩で味をととのえ、器に盛って梅干しをのせる。

さつまいもの甘みときびのもっちり感がよく合う

きび入りさつまいもがゆ

材料（2人分）

- 玄米 ・・・・・・・・・・・・ ½カップ
- もちきび ・・・・・・・・・・ 大さじ1
- さつまいも ・・・・・・・・・・ 100 g
- 塩 ・・・・・・・・・・・・・・・ 少々

作り方

1 玄米はたっぷりの水に5時間から一晩浸す。

2 水けをきって厚手鍋に入れ、きびをまぜる。水を2.5～5カップ注ぎ、火にかける。鍋底に玄米やきびがくっつかないように底からまぜながら煮る。煮立ったら蓋をずらしてかけ、ふきこぼれない程度の弱火にして1時間炊く。

3 さつまいもは1㎝厚さのいちょう形に切り、**2**に加えてやわらかくなるまで煮、塩で味をととのえる。

オリーブ油の香りで
たっぷりの青菜をおいしく

小松菜のリゾット

材料（2人分）

玄米 ・・・・・・・・・・・・・1カップ
玉ねぎ ・・・・・・・・・・・・・¼個
小松菜 ・・・・・・・・・½わ（150 g）
塩 ・・・・・・・・・・・・・・小さじ⅓
オリーブ油 ・・・・・・・・・小さじ2

作り方

1 玄米は洗ってざるにあげる。

2 玉ねぎはみじん切りにし、小松菜は1㎝長さに刻む。

3 厚手鍋に油を熱して玉ねぎをいため、しんなりしたら玄米を加えてざっといためる。油が回って米につやが出たら水1カップを注ぐ。

4 煮立ったら弱めの中火にして蓋をせずに煮る。汁けがなくなったら水1.5カップを2〜3回に分けて加え、全体で30分煮る。

5 塩を加えて小松菜を加え、さっとまぜながら煮る。しんなりしたら蓋をして15分蒸らす。

玄米を30分煮て、やわらかくなったところで最後に小松菜を加える。

キャベツのうまみを吸ってのど越しなめらか

ロールキャベツのリゾット

材料（2人分）

- 玄米ごはん……300g
- キャベツ……4枚
- 玉ねぎ……1/3個
- しょうゆ……大さじ1
- 塩……少々
- だし……3カップ
- ブロッコリー……1/4個

作り方

1 鍋にだしを煮立ててキャベツを大きいまま入れ、蓋をして5分ほど蒸し煮にする。

2 キャベツをとり出してあら熱がとれたらまないたに1枚ずつ広げ、芯をそぐ。ごはんを1/4量ずつのせ、そいだ芯や葉の切れ端などものせてクルクルと巻き、最後に左右を折り込んで閉じる。

3 だしの入った鍋にロールキャベツを並べる。玉ねぎを薄切りにして散らし、しょうゆと塩で調味し、火にかける。煮立ったら落とし蓋をし、弱火で15分煮る。

4 ブロッコリーを小房に分けて散らし、さらに3～4分煮て火を通す。

キャベツは芯のほうを手前に広げてごはんをのせ、そいだキャベツの芯や葉の切れ端などもいっしょに包む。

雑穀のごちそうごはん

白米のビタミン・ミネラル不足が手軽に補えるとあって、きび、あわ、ひえなどの雑穀が人気です。最近は単品でも手に入りやすくなりました。

雑穀は玄米より少し陽性の食材なので、寒い季節の主食にぴったり。それぞれ独特の歯ごたえや甘みを味わってみてください。

少し陰性に寄せてバランスよく

雑穀ミックスのサラダごはん

材料（2人分）

雑穀ミックス………100g
ブロッコリー………$\frac{1}{3}$個
スイートコーン（缶詰め）…大さじ4
玉ねぎのみじん切り……大さじ1

ドレッシング

- にんじん………40g
- 酢………大さじ1.5
- 塩………小さじ$\frac{1}{4}$
- オリーブ油……大さじ1.5

作り方

1 ブロッコリーは小房に分ける。

2 にんじんはすりおろしてドレッシングの材料と合わせる。

3 雑穀ミックスは熱湯に入れて7分ゆでる。ここにブロッコリーを加えてさらに3分ゆで、いっしょにざるに上げる。

4 3が熱々のうちに2のドレッシングと合わせてあえ、コーンと玉ねぎをまぜる。

雑穀ミックス

国産の雑穀は、大麦（押し麦）、もちあわ、もちきび、ひえ、しこくびえ、たかきび、はと麦の7種類だが、そばやごま、くこなども加えたり、中南米産のアマランサスやキヌアの入っているものもある。

玄米をベースに
あずきのやさしい甘みを添えた
入門メニュー

あずきと押し麦入り炊き込みごはん

材料（4人分）

玄米	2カップ
押し麦	大さじ4
あずき	1/3カップ
塩	小さじ1/4

作り方

1 玄米は5時間から一晩水に浸す。
2 あずきは洗ってざるに上げる。
3 鍋に水けをきった玄米とあずきを合わせる。押し麦をさっと洗って加え、水3カップを注いで塩を加え、21ページの玄米と同様に炊く。

押し麦

大麦を押しつぶして吸水しやすく加工した製品。米粒形をした製品もある。ボソボソとした口当たりで、栄養価は玄米よりやや低いが、ビタミンB_1、カリウムなどが豊富で、食物繊維は3倍以上。

memo

汁物を添えるとのどの通りがよくなる。写真は油揚げとわかめのみそ汁。短冊に切った油揚げをだしで煮て、もどして一口大に切ったわかめとねぎの小口切りを加え、みそをとき入れてひと煮する。

さつまいもの甘みとオリーブ油の香り、
ただ煮るだけなのにプロの味

押し麦とさつまいものリゾット

材料（2人分）

押し麦	100 g
玉ねぎ	1/3個
さつまいも	200 g
オリーブ油	大さじ1
だし	2.5カップ
塩	少々
クレソン	少々

作り方

1 押し麦は洗って水けをきる。

2 玉ねぎはみじん切りにする。

3 鍋に油を熱して玉ねぎをしんなりするまでいため、押し麦を加えてだしの半量を注ぐ。軽くまぜて弱火で煮る。

4 さつまいもは3㎝厚さの一口大に切る。

5 3の汁けが少なくなったら残りのだしを注ぎ、さつまいもを加え、3でだしを注いでからトータルで15分になるまで煮る。

6 塩で調味し、ちぎったクレソンを加えてひとまぜする。

豆乳と里いもの粘りけで
押し麦がとろり

押し麦と里いものパン粉焼き

材料（4人分）

押し麦	100g
里いも	2個（180g）
ブロッコリー	½株
玉ねぎ	¼個
豆乳（184ページ参照）	½カップ
植物油	大さじ1
地粉	大さじ2
だし	1カップ
塩	少々
パン粉	少々

作り方

1 鍋に熱湯を沸かして押し麦を入れてさっとまぜ、15分ゆでてざるに上げる。

2 里いもは1cm厚さの輪切りか半月形に切る。ブロッコリーは小房に分ける。

3 玉ねぎはみじん切りにする。

4 鍋に油を熱して玉ねぎを入れていため、しんなりしたら地粉を加えて粉っぽさがなくなるまでいためる。だしを注いでまぜながらとろみがつくまで煮る。

5 里いもを加え、蓋をずらしてかけ、里いもに火が通るまで4〜5分煮る。

6 豆乳を加え、押し麦とブロッコリーも加えてときどきまぜながらさらに3〜4分煮、塩で味をととのえる。

7 耐熱皿に盛ってパン粉を振り、オーブントースターで焼き色がつくまで焼く。

memo

パン粉は全粒粉パンをすりおろしたものを使う。なければ作り方6までにして、リゾットとして食べてもよい。

小麦粉のお焼きより中はモチモチ、
表面は香ばしい人気者

もちきびのお焼き

材料（6～8個分）

もちきび	1カップ
青じそ	6～8枚
地粉	大さじ1
みそ	大さじ3～4
植物油	適量

作り方

1 もちきびはざっと洗って厚手鍋に入れ、水$1\frac{1}{4}$カップと塩少々（分量外）を加えて火にかける。煮立ったら蓋をし弱火にして10～12分炊き、火を止めて10～15分蒸らす。

2 **1**に地粉を加えて木べらで軽くねるようにまぜ、粉けがなくなったら6～8等分する。

3 青じそ1枚ずつにみそ大さじ$\frac{1}{2}$をのせてくるっと巻く。

4 **2**を一つずつラップにのせて手のひらにのせ、**3**を1個ずつのせて包み込み、円盤状に形をととのえる。

5 フライパンを熱して油をなじませ、**4**をラップをはずして入れ、両面をじっくりと焼く。

もちきび

日本には、米や麦より遅く伝来したが、やせ地や寒冷地でも育つので全国で広く栽培され、いまも、もち菓子などに愛用されている。ビタミン類は少ないが、タンパク質が米より多く、亜鉛、マグネシウムも豊富。

もちきびの生地をラップに丸く広げ、みそを包んだ青じそを芯にして包み込む。

プチプチ＆もちもちを香ばしさで包んで

もちきびのコロッケ

材料（2人分）

もちきび	$\frac{2}{3}$カップ弱（100 g）
小松菜	50 g
ねぎ	$\frac{1}{2}$本
全粒粉	大さじ1.5
パン粉	適量
塩	少々
植物油	適量
キャベツ	適量

作り方

1 もちきびはさっと洗って水けをきって鍋に入れ、水180㎖を注いで火にかける。煮立ったら蓋をして弱火で10分炊く。

2 小松菜とねぎはこまかく刻む。

3 1が炊き上がったらすぐに2を加えてさっくりまぜ、再び蓋をして10分おいて蒸らす。

4 塩で調味し、バットなどにあけて冷まし、4つに分けてそれぞれ楕円形にまとめながら全粒粉（分量外）を薄くまぶす。

5 全粒粉に同量の水を加えてどろどろにとき、4をくぐらせてからパン粉をまぶす。

6 フライパンに深さ5㎜くらいまで油を入れて熱し、5を入れて両面をこんがりと揚げ焼きにする。

7 器に盛り、キャベツのせん切りを添える。

やわらかく煮たもちきびはバットなどに広げ、4つに仕切って冷ます。

れんこんの歯ごたえをアクセントに

もちあわとれんこんのリゾット

材料（2人分）

もちあわ	½カップ（85g）
れんこん	50g
玉ねぎ	⅙個
オリーブ油	小さじ2
だし	2.5カップ
塩	少々
クレソン	½わ

作り方

1 もちあわはざるに入れて流水でざっと洗い、水けをきる。

2 れんこんは薄いいちょう形に切る。玉ねぎはみじん切りにする。

3 厚手鍋に油を熱し、玉ねぎをいためる。しんなりしたらあわを加えてざっといため、だしの半量を注ぐ。

4 煮立ったら弱めの中火にして汁けがほぼなくなるまで6～7分煮、残りのだしを加えてさらに7分ほど煮る。

5 れんこんを加えてまぜながら2～3分煮、塩で味をととのえる。蓋をして10分蒸らす。

6 クレソンをざく切りにして加え、ひとまぜする。

もちあわ

日本最古の作物で、米以前の主食だったといわれる。粘りけがあっておいしく、栄養価もタンパク質、ミネラルは玄米より多く、ビタミンEやB群も豊富。

凍り豆腐を
おろしチーズがわりにして

もちあわの豆乳グラタン

材料（2人分）

もちあわ	¾カップ（100 g）
玉ねぎ	⅓個
かぼちゃ	200 g
ほうれんそう	100 g
豆乳（184ページ参照）	¾カップ
だし	1カップ
オリーブ油	大さじ1
塩	少々
凍り豆腐（80ページ参照）	少々

作り方

1 玉ねぎはみじん切りにする。かぼちゃは一口大に切り、ほうれんそうはざく切りにする。

2 鍋に油を熱して玉ねぎを入れ、弱火でしんなりするまでいためる。

3 もちあわはさっと洗って水けをきって2に加え、だしを注ぐ。煮立ったら弱火にし、蓋をして7〜8分煮る。

4 かぼちゃを加えて大きくまぜ合わせ、さらに3分煮る。

5 もちあわが透き通ったら豆乳を加え、ほうれんそうも入れて、野菜がやわらかくなってもちあわが豆乳を吸いきるまで煮、塩で調味してグラタン皿に移す。

6 凍り豆腐をすりおろして表面に散らし、オーブントースターで焼き色がつくまで焼く。

memo

残ったらもちもちきびのコロッケのように、全粒粉とパン粉をまぶしてコロッケにしても。

パン・めん・粉のごちそうメニュー

小麦やそばは粉にひいて食べます。粉も、ふすまや胚芽をいっしょにひいた全粒粉は、玄米と同じ一物全体です。ただ、粉にひくと酸化しやすく、脂質とビタミンの質が悪くなりがちなため、マクロビオティックでは、パンやめん・粉食は、週に1～2回にするようすすめています。まずは、精白小麦のふわふわなパンやつるつるめんを、全粒粉製品にかえることからスタートしましょう。

いため玉ねぎの濃厚な香りが
バターがわり

グリル野菜のオープンサンド

材料（2人分）

全粒粉パン	大2枚
玉ねぎ	½個
なす	1本
れんこん	1節
パセリ	少々
オリーブ油	適量
塩	適量

作り方

1 玉ねぎは薄切りにする。なすは縦に3～4㎜厚さに、れんこんも薄い輪切りにする。

2 フライパンにオリーブ油大さじ1を熱して玉ねぎを入れ、弱めの中火でじっくりときつね色になるまでいためて甘みを出し、とり出す。

3 2のフライパンをきれいにふき、底をおおう程度の油を加えて熱し、なすとれんこんを入れていため揚げるようにする。なすはしんなりしたらとり出し、れんこんはきつね色になるまで揚げる。とり出したらともに塩を振る。

4 パンに2のいため玉ねぎを一面にのせてから3をのせ、パセリを小さくちぎって散らす。

全粒粉パン

全粒ライ麦パンや全粒小麦のパン。配合や酵母の種類などで多くのタイプがある。イーストやベーキングパウダー、防腐剤や品質改良剤を使わずに、天然酵母、自然塩、水で作ったものを選び、早めに食べ切ること。

全粒粉パンに合うディップ&ジャム

全粒粉パンは、精白粉のパンにくらべればボソボソとしています。でもバターもマーガリンも使いたくありません。そこで役立つのは、しっとりとした食感とコクを添えるディップやジャム。いわば、玄米ごはんにおけるふりかけの役割を果たし、ビタミンやミネラルの補いにもなります。

砂糖ゼロでも十分甘い
さっぱり味

りんごとにんじんのジャム

材料（2人分）
りんご・・・1個（150g）
にんじん・・1本（150g）

作り方

1 りんごもにんじんも皮ごとすりおろして鍋に入れる。中火にかけ、ふつふつ煮立ってきたら弱火にし、ときどきまぜながら、蓋をして10分煮る。

2 蓋をとってかきまぜ、出てきた水分を飛ばしながら煮る。好みの濃度になればよい。

クリームチーズの
おいしさ！

とうふとごまのディップ

材料（2人分）
木綿豆腐・・⅓丁（100g）
ねり白ごま・・・・25g
白みそ・・・・・小さじ2
オリーブ油・・・大さじ1

作り方

1 とうふはたっぷりの水とともに鍋に入れて火にかけ、ゆらゆらと揺れるまでゆで、水けをきる。

2 1を盆ざるにおき皿を2枚ほどのせて冷めるまでおき、水きりをする。

3 すり鉢かフードプロセッサーにとうふと残りの材料すべてを入れてなめらかにまぜる。

memo とうふはゆでるかわりに皿にふきんを敷いてのせ、電子レンジ強で2分加熱してもよい。フードプロセッサーがない場合は、すり鉢ですり合わせる。

香ばしさとコクで
一番人気

ナッツのスイートディップ

材料（2人分）
くるみ（製菓用）・・30g
無糖ピーナッツペースト
・・・・・・・・・70g
メープルシロップ・20g

作り方

1 くるみは耐熱皿に広げて低温のオーブントースターに入れてローストし、あらいみじん切りにする。

2 ボウルにくるみを入れ、ピーナッツペーストとメープルシロップを加えてなめらかにまぜる。

かぜの予防に威力を発揮

かぼちゃとみかんのディップ

材料（2人分）
かぼちゃ・・・・・200g
みかんジュース
（温州みかん100％）
・・・・・・1カップ

作り方

1 かぼちゃは種とわたを除き、皮ごと5～6㎜厚さに切る。

2 小鍋に入れてみかんジュースを入れ、やわらかくなるまで煮る。フォークなどでつぶしながら、汁けがなくなってぽってりとするまで煮る。

&スープのセットメニュー

玄米ごはんに汁物を添えるように、全粒粉のパンやパスタには、スープを添えると食べやすく、バランスのよい組み合わせになります。具の主役は四季折々の野菜です。60ページで紹介したスープも参考に、バリエーションをくふうしましょう。

根菜の陽性パワーを添えた
秋の朝食におすすめの組み合わせ

根菜の甘みと
いためた香ばしさを添えて

のりきんぴらサンド

材料（2人分）

全粒粉食パン・・・・・・・・・・・・4枚

きんぴらごぼう

- ごぼう・・・・・・・・・・・・150 g
- にんじん・・・・・・・・・・70 g
- ごま油・・・・・・・・・・・大さじ1
- しょうゆ・・・・・・・・・・大さじ1
- いり黒ごま・・・・・・・・・小さじ1

のり・・・・・・・・・・・・・・½枚

しば漬け・・・・・・・・・・・・少々

作り方

1 ごぼうとにんじんは斜めに細く切る。

2 ごま油でごぼうをじっくりといため、甘みが出たらにんじんを加えてしんなりするまでさらにいため、しょうゆを回しかけてからめるようにいため、ごまを振る。

3 パン2枚ずつにのり¼枚と**2**のきんぴらの半量をはさんで重ね、しば漬けを添える。

野菜の甘みをじっくり引き出す
基本スープ

野菜スープ

材料（2人分）

にんじん・・・・・・・・¼個（40 g）

玉ねぎ・・・・・・・・・¼個（25 g）

キャベツ・・・・・・・大1枚（50 g）

塩・・・・・・・・・・・・・・小さじ1

作り方

1 にんじん、玉ねぎ、キャベツは細く切る。

2 鍋に入れて水1.5カップを注ぎ、火にかける。煮立ったら弱火にし、蓋をして7分ほどじっくりと煮、最後に塩で調味する。

夏バテ予防の栄養成分がそろい、夏の朝食におすすめの組み合わせ

あえ物をバターがわりに添えて

そば粉のクレープ

材料（2人分）

そば粉	大さじ4
地粉	大さじ1
塩	小さじ¼
植物油	小さじ½
きゅうりの梅じそあえ	
きゅうり	½本
梅じそ（刻んで）	大さじ1

作り方

1 ボウルにそば粉と地粉を合わせ、水½カップを注いでなめらかにまぜ、塩と油を加えてまんべんなくまぜる。時間があるときはそのまま30分ほどおく。

2 フライパンに薄く油（分量外）をなじませ、**1**の生地をお玉に6分目すくって流し、丸く広げる。弱火で焼いて薄い焼き色がついたら裏返し、乾く程度にさっと焼く。残りも同様にして6～8枚焼く。

3 きゅうりの梅じそあえを作る。きゅうりは小口切りにする。梅じそはさっと洗って水けをしぼり、こまかく刻んできゅうりをあえる。

4 **2**を1枚ずつ二つ折りにして器に盛り、**3**の梅じそあえを添える。

豆乳を生クリームがわりに

かぼちゃの冷製スープ

材料（2人分）

かぼちゃ	80ｇ
玉ねぎ	⅓個
豆乳	少々
だし	カップ1
塩	少々
薄口しょうゆ	小さじ1
植物油	小さじ1

作り方

1 かぼちゃは1㎝厚さに切り、玉ねぎはみじん切りにする。

2 油を熱して玉ねぎをいため、しんなりしたらかぼちゃを加えて軽くいため合わせる。つやが出たらだしを注ぎ、煮立ったら蓋をして弱火にし、10分煮る。

3 塩と薄口しょうゆで調味し、フォークなどでつぶすか、ミキサーにかける。

4 器に盛り、豆乳をたらす。

キャベツのみずみずしさで
なめらかさをプラス

キャベツとくるみの全粒粉スパゲッティ

材料（2人分）

全粒粉スパゲッティ	200 g
キャベツ	2枚
くるみ（製菓用）	30 g
にんにく	1かけ
オリーブ油	大さじ1
塩	適量

作り方

1 スパゲッティは塩を1％加えた熱湯でゆでる。ゆで汁は大さじ1ほどとっておく。

2 キャベツはざく切りにし、くるみは薄切りにする。にんにくは半分に切ってつぶす。

3 フライパンに油とにんにくを入れて弱火にかけ、じっくりと熱してにんにくの香りを油に移す。

4 3にくるみを加えて香ばしい香りが立ったらキャベツを加えてざっといためる。1のゆで汁を加えてスパゲッティも入れ、大きくまぜて塩で味をととのえる。

全粒粉パスタ

有機栽培で作られたセモリナ粉やデュラム小麦を使った製品が市販されている。酸化しやすいので、製造日が新しいものを選び、早めに使い切ること。

大豆のうまみと野菜の香りを
からめて召し上がれ

とうふと野菜のミートソース風パスタ

材料（2人分）

全粒粉スパゲッティ	200 g
木綿豆腐	1丁（300 g）
しょうがのみじん切り	小さじ½
玉ねぎ	⅓個
小松菜	100 g
にんじん	100 g
植物油	大さじ1
みそ	大さじ1⅔
塩	少々

作り方

1 玉ねぎ、にんじん、小松菜はみじん切りにする。

2 フライパンに油を熱し、とうふを指先でほぐしながら入れ、水分を飛ばしながらぽろぽろになるまでいためる。玉ねぎ、にんじん、しょうがを加えてじっくりといためる。

3 野菜がしんなりしたら小松菜を加えてざっといため合わせ、みそと塩で味をととのえる。

4 スパゲッティは塩を1％加えた熱湯でゆで、器に盛って3をたっぷりとかける。

とうふがひき肉状になるまでいためてから野菜を加える。

地粉うどんの
もちもちとした歯ごたえを楽しんで

ほうとう風
みそ煮込みうどん

材料（2人分）

地粉うどん（乾めん）	200 g
かぼちゃ	80 g
にんじん	35 g
ごぼう	50 g
生しいたけ	1個
油揚げ	½枚
だし	3カップ
みそ	大さじ2⅓

作り方

1 かぼちゃは5～6㎜厚さに切る。にんじんとごぼうは乱切りに、しいたけは4つに切る。油揚げは大きめの色紙切りにする。

2 鍋にだしをあたためて、にんじんとごぼう、油揚げを入れて煮る。ごぼうに火が通ったらかぼちゃとしいたけを加え、かぼちゃに火が通るまで煮てみそをとき入れ、2分ほど煮る。

3 うどんはたっぷりの熱湯でゆで、水けをきって**2**に加え、あたたまる程度に煮る。

地粉うどん

国産小麦は中力粉なので、うどんに最適。生うどんは添加物を使わないと流通できないので、乾めんの無添加無漂白製品を選びたい。全粒粉、胚芽小麦粉使用の製品もある。

memo

ほうとうは本来、生めんを入れて煮るが、地粉で打ったうどんは腰がないために、乾めんをゆでて煮込むと、煮くずれてちぎれるものもあるため、あたためる程度に。製品によって腰の強さがかなり違うが、めんを入れたら味がなじむまで煮込むとおいしい。

かみしめたいおいしさを
濃厚なごまだれで味わって

大根そば

材料（2人分）

そば（乾めん）		200 g
大根		100 g
にんじん		30 g
青じそ		10枚
A	ねり白ごま	大さじ3
	だし	大さじ3
	しょうゆ	大さじ1.5

作り方

1 大根、にんじん、青じそ4枚は、それぞれせん切りにする。

2 そばはたっぷりの熱湯でゆで、水にとってさっと洗って水けをきり、1とまぜる。

3 残りの青じそを器に敷いて2を盛り、Aを合わせたたれを添え、食卓でかけていただく。

そば

そば粉100％の十割そばもあるが、のどごしのよいのは小麦粉2割の二八そば。殻ごとひいた全粒粉そばや、表層までひいた三番粉そばは、食物繊維も豊富で便秘予防によい。生めんなら手作りの製品を。市販品は添加物の少ない乾めんがおすすめ。

冬大根の甘みたっぷりのスープで煮て、
ごまみそと即席漬けを合いの手に

つぶつぶすいとんの和風ポトフ

材料（2人分）

大根	150 g
にんじん	120 g
ねぎ	$\frac{1}{2}$本
厚揚げ	1枚
だしこんぶ	20㎝
水	4カップ
塩	小さじ$\frac{1}{2}$

すいとん

全粒粉	大さじ3
地粉	大さじ3
水	80㎖

A	ねり白ごま	大さじ1
	みそ	大さじ1
	酢	大さじ1
	だし	大さじ1

ゆず	$\frac{1}{4}$個

作り方

1 大根は半月形に切り、にんじんは輪切り、ねぎは5㎝長さに切る。厚揚げは大ぶりに切る。

2 鍋に大根とこんぶを入れ、水を注ぎ、火にかける。煮立ったら弱火にして蓋をずらしてかけ、15分煮る。

3 にんじんとねぎを加えてさらに8分ほど煮、じゅうぶんやわらかくなったら塩で味をととのえ、厚揚げを加えてあたためる程度に煮る。

4 ボウルにすいとんの材料を合わせてなめらかになるまでねりまぜ、3にスプーンでひとすくいずつ落とし、浮いてくるまで煮る。

5 Aを合わせてなめらかにまぜる。ゆずは厚いいちょう形に切る。

6 器に4を盛り、5のごまみそとゆずを添え、食卓でつけながらいただく。

水菜のこんぶあえ

材料（2人分）と作り方

水菜30 gはざく切りにし、だしがらこんぶ（55ページ参照）は細く切る。ボウルに入れて塩小さじ$\frac{1}{3}$を振り、軽くもむ。

第2章

名わき役は汁物です

汁物は水分で穀物ののど越しを助け、かつ、塩けを補って胃液の分泌を促してくれます。エネルギーを補給したい朝ごはんには、造血効果の高いみそを使ったみそ汁、夕ごはんには、老廃物の代謝を促す薄塩のすまし汁やスープがおすすめです。

まずは何も入れないシンプルな玄米ごはんに、汁物を添えて食べてみてください。玄米ごはんはボソボソしているので、汁を添えたほうが食べやすいからです。また、玄米ごはんにはマグネシウムやカリウムが多いので、汁物で適量のナトリウムを補ってバランスをとる必要もあるからです。みそやしょうゆなどの発酵食品、海草、野菜が手軽にとれるメニューとしてもおすすめです。

手軽にとれる本格の味
こんぶ&しいたけだし

マクロビオティックでは、インスタントだしのもとはむろんのこと、かつお節や煮干しなどのじゃこは使いません。基本はこんぶだしです。こんぶだしは陽性なので、中庸にしたい場合は干ししいたけを加えた混合だしにします。いずれも水につけておくだけでとれて、こす手間もいらないのでとてもらく。だしが出たあとのこんぶもしいたけも、料理に再利用できるのでむだになりません。

材料の選び方

干ししいたけ

干ししいたけはこんぶより陰性なので、こんぶと併用することで、中庸のだしになる。だしがらは煮物などに再利用する。肉厚のどんこもあるが、写真の笠が開いた香信《こうしん》でもうまみは変わらない。ただし、機械乾燥ではなく、日光で干した製品を購入すること。生しいたけは陰性の食品だが、日干しによって中庸に近づき、ビタミンDの前駆物質もふえる。

こんぶ

羅臼、真こんぶ、利尻こんぶなど、肉厚の上質なこんぶほど、よい香りとうまみが出る。だしがらを煮物などに再利用してもおいしく、ミネラルも食物繊維も豊富。早煮こんぶは一度蒸してあるので、だしはとれない。

こんぶだし

晩秋〜冬〜早春、陰性タイプの人に

材料（基本の分量）

水　・・・・・・・・・3カップ

こんぶ　・・・・・・5×10㎝

作り方

こんぶは表面の汚れを軽くふき、水につけて半日または一晩おく。冬は室温、夏なら冷蔵庫に入れて、こんぶがもどるまでおく。

急ぐときは：煮出すとよい。水とこんぶを鍋に入れて（できれば火にかける前に15分ほどおいてふやかす）ごく弱火にかけ、沸騰させないような火かげんで約10分煮出し、こんぶをとり出す。

memo　だしが出たあともこんぶを入れたまま冷蔵庫で保存し、2日くらいで使い切る。

混合だし

晩春〜夏〜初秋。陽性タイプの人に。

材料（基本の分量）

水　・・・・・・・・・3カップ

こんぶ　・・・・・・5×10㎝

干ししいたけ　・・・・・1枚

作り方

こんぶとしいたけは表面の汚れをふき、水につける。冬は室温、夏は冷蔵庫に入れて半日から一晩おく。

急ぐときは：煮出すとよい。干ししいたけは肉厚のどんこより薄い香信か、徳用の薄切りを使うと早くだしが出る。

memo　こんぶもしいたけも入れたまま冷蔵庫で保存しながら2日くらいで使い切る。

だしがらは料理に再利用して

だしが出たあとのこんぶとしいたけは、料理の素材として活用できます。水出し、煮出し、いずれの場合も、だしがらのこんぶとしいたけは水けをよくきって冷蔵庫に入れるか、日に干してためます。2〜3回分たまったら、こんな常備菜にして楽しみましょう。いずれも冷蔵庫で数日もちます。

しいたけこんぶ

材料（作りやすい分量）
- だしがらこんぶ ・・50ｇ
- だしがらしいたけ ・・・・・・2枚（50ｇ）
- だし ・・・・・・・½カップ
- 酢 ・・・・・・・・・大さじ½
- しょうゆ ・・・・・大さじ1
- いり白ごま ・・・小さじ½

作り方

1 こんぶは細く切る。しいたけはかたい石づきを除いて薄く切る。

2 小鍋に**1**を入れ、だしと酢を加えて火にかけ、煮立ったら弱火にして5〜7分煮る。

3 しょうゆを加えて汁けがなくなるまで煮て、最後にごまを散らす。

しいたけの照り煮

材料（作りやすい分量）
- だしがらしいたけ ・・3枚
- 植物油 ・・・・・・小さじ1
- しょうゆ ・・・・・大さじ½
- だし ・・・・・・・¼カップ
- いり白ごま・・・・・・少々

作り方

1 しいたけは石づきを落とし、縦半分に切る。

2 フライパンに油を熱してしいたけを入れて焼く。

3 しいたけにつやが出たらだしとしょうゆを加え、汁けがなくなるまでいり煮にし、ごまを散らす。

こんぶとたくあんの酢じょうゆ漬け

材料（作りやすい分量）
- だしがらこんぶ ・・・・・・1枚（25ｇ）
- たくあん ・・・・・・30ｇ
- 酢 ・・・・・・・・・大さじ½
- しょうゆ ・・・・・小さじ1
- いり黒ごま ・・・大さじ½

作り方

こんぶは細く切る。たくあんは薄い半月切りにする。以上に黒ごまを加えて酢としょうゆであえる。

memo たくあんは完全に干した大根で作る伝統的製法のものを選ぶ。冷蔵庫で数日はもつ。

四季のみそ汁

みそには、米に不足する必須アミノ酸が消化されやすい形で含まれ、生きた乳酸菌や酵母菌などの微生物が、なんと160種類以上も含まれています。

発酵によって生まれた褐色物質には、食欲をそそる香りやうまみ、コクのほか、抗酸化作用も期待できるとか。

みそをだしにといてまるごと飲むみそ汁は、まさに栄養の宝庫であり、玄米とは名コンビ。みそや具の組み合わせを変えれば、飽きることなくバリエーションが楽しめます。

春

新キャベツと新玉ねぎのみそ汁

材料（2人分）

キャベツ・・・・・・・・・・・・・2枚
玉ねぎ・・・・・・・・・・・・・・1/4個
だし・・・・・・・・・・・・・2カップ
麦みそ・・・・・・・・・・・・大さじ2

作り方

1 キャベツはざく切りにする。玉ねぎは繊維を断ち切る方向に薄切りにする。

2 鍋にだしを入れてあたため、キャベツと玉ねぎを加えて火が通るまで煮、みそをとき入れて火を止める。

組み合わせ例

わかめと新じゃがいも、小かぶと葉、
新玉ねぎとさやえんどう、油揚げとせり
麩と根三つ葉、とうふとあさつき

夏

なすと青じそのみそ汁

材料（2人分）

なす・・・・・・・・・・・・・・2個
青じそ・・・・・・・・・・・・・2枚
だし・・・・・・・・・・・・2カップ
みそ（麦みそと豆みそ）・・・大さじ2

作り方

1 なすは縦半分に切ってから斜めに5〜6㎜厚さに切り、だしで煮る。

2 なすに火が通ったらみそをとき入れ、青じその細切りを散らして火を止める。

組み合わせ例

新ごぼうとごま、とうもろこしとパセリ、
さやいんげんとかぼちゃ、
オクラとみょうが、なすと新しょうが

大根と油揚げのみそ汁

冬

組み合わせ例

大根とふのり、白菜としいたけ、小松菜と麩、春菊と山いも、納豆とねぎと岩のり

材料（2人分）

- 大根 ・・・・・・・・・・ 4cm（85 g）
- 油揚げ ・・・・・・・・・・・・ $\frac{1}{3}$枚
- だし ・・・・・・・・・・・・ 2カップ
- みそ（麦みそと豆みそ）・・・ 大さじ2

作り方

1 大根は縦に2～3mm幅に切り、重ねて縦に2～3mm幅に千六本に切る。

2 油揚げは短冊に切る。

3 だしを煮立てて大根と油揚げを入れて煮、大根が透き通ったらみそをとき入れて火を止める。

里いもとなめこのみそ汁

秋

組み合わせ例

ずいきと里いも、さつまいもとごま、しめじとセロリ、なめこととうふとねぎ、とうふとごぼうとにんじんと大根

材料（2人分）

- 里いも ・・・・・・・・・・・・・ 2個
- なめこ ・・・・・・・・・・・ $\frac{1}{4}$カップ
- 細ねぎ ・・・・・・・・・・・・・ 少々
- だし ・・・・・・・・・・・・ 2カップ
- みそ（麦みそと豆みそ）・・・ 大さじ2

作り方

1 里いもは皮をむいて輪切りにする。

2 鍋にだしと里いもを入れて火にかけ、里いもがやわらかくなったらなめこを加える。みそをとき入れて煮立つ直前に火を止める。

3 器に盛り、ねぎの小口切りを散らす。

マクロ クッキングメモ

みその選び方

こくのある豆みそは陽性、さっぱりとした麦みそは陰性、米みそは中庸となります。基本的には豆みそと麦みそをブレンドして、寒い季節には豆みそを多く、暑い季節は麦みそを多く合わせます。米みそをベースに、冬は豆みそ、夏は麦みそを加えてもよいでしょう。

四季のすまし汁

すまし汁はみそ汁のような機能性や栄養はあまり期待できません。でも、あっさりとしたうまみはどんな料理にも合い、食欲を引き出してくれます。

ただ、それも上質の天然素材でだしをとり、ミネラルたっぷりの天然塩と香り高い天然醸造しょうゆを使ってこそ。

具はみそ汁以上に幅広く選べるので、いろいろな組み合わせを楽しんでみましょう。吸い口や薬味で彩りと香りを添えると、最後の一滴までおいしく飲み干せます。

新にんじんとせりのすまし汁

春

組み合わせ例

たけのことわかめに木の芽、うどと菜の花、新キャベツとアスパラ、わらびとつくしと油揚げ

材料（2人分）

にんじん	3㎝（30ｇ）
せり	6本
だし	2カップ
しょうゆ	小さじ1
塩	小さじ$\frac{1}{2}$

作り方

1 にんじんはマッチ棒状に細く切る。せりはにんじんと同じ程度の長さに切る。

2 鍋にだしとにんじんを入れて、にんじんに火が通るまで煮る。

3 塩としょうゆで味をととのえ、せりを加えてひと煮立ちさせる。

レタスとしょうがのすまし汁

夏

組み合わせ例

白うりともずく、とうがんとしょうが、セロリととうもろこし、なすとみょうが、かぼちゃと青じそ

材料（2人分）

レタス	2枚
しょうがの薄切り	1枚
だし	2カップ
しょうゆ	小さじ1
塩	小さじ$\frac{1}{2}$

作り方

1 レタスは手で一口大にちぎって器に入れておく。

2 しょうがはせん切りにする。

3 鍋にだしとしょうがを入れて火にかけ、煮立ったらしょうゆと塩で調味し、熱々を1のレタスの上から注ぐ。

おろしかぶら汁

冬

組み合わせ例

白菜と干ししいたけ、山いもとろろとのり、ささがきごぼうとにんじんとねぎ、湯葉とほうれんそう、大根と麩とねぎ

材料（2人分）

かぶ	2個
かぶの葉	少々
だし	1.5カップ
しょうゆ	大さじ½
塩	少々
くず粉（またはかたくり粉）	小さじ1

作り方

1 かぶは皮つきのまますりおろす。葉は1～2㎝長さに刻む。

2 だしを煮立てておろしたかぶを入れて煮る。煮立ったら弱めの中火で3～4分煮て辛みを飛ばす。しょうゆと塩で調味し、かぶの葉を散らす。

3 くず粉を倍量の水でとき、煮立ったところに流してとろみがつくまでまぜながら煮る。

まいたけのすまし汁

秋

組み合わせ例

しめじと黄菊、ずいきとひらたけとゆず、なめことそばとわさび、里いもとぎんなん

材料（2人分）

まいたけ	½パック
青ねぎ	少々
こんぶだしまたは水	2カップ
しょうゆ	大さじ½
塩	少々

作り方

1 まいたけは小房にほぐす。鍋にだしか水とともに入れて火にかけ、煮立ったら中火にしてじっくりと煮てうまみを出す。

2 しょうゆと塩で調味し、青ねぎを小口切りにして散らす。

四季のスープ

とうもろこしととうふのヴィシソワーズ

夏

おすすめ食材

トマト、なす、きゅうり、かぼちゃ、レタス、セロリ、さやいんげん、枝豆、とうもろこし、オクラ

材料（2人分）

とうもろこし	80 g
玉ねぎ	1/6個
木綿豆腐	50 g
きゅうり	少々
だし	1.5カップ
塩	少々
オリーブ油	小さじ2

作り方

1 鍋に油を熱し、みじん切りにした玉ねぎをいためる。しんなりしたらとうもろこしを加えてさっといため、だしを注ぐ。煮立ったら蓋をして7分煮、とうふを加えてさらに3分ほど煮て塩を加える。

2 あら熱がとれたらミキサーにかけ、冷めるまでおく。

3 好みで冷やし、きゅうりを薄い輪切りにして浮かべる。

若竹スープ

春

おすすめ食材

さやえんどう、グリンピース、うど、新キャベツ、新玉ねぎ、新じゃがいも、そら豆、グリーンアスパラガス

材料（2人分）

ゆでたたけのこ	80 g
わかめ（塩蔵）	10 g
割りはと麦	大さじ2
だし	2.5カップ
塩	小さじ1/2

作り方

1 たけのこは薄切りにする。わかめは水につけて塩抜きをして、一口大に切る。

2 はと麦はざるに入れて流水でさっと洗う。

3 鍋にだしを熱し、はと麦を加えて蓋をずらしてかけ、ときどきかきまぜながら15分煮る。

4 たけのこを加えて塩で調味し、3分煮る。最後にわかめを加えてひと煮する。

全粒粉パンやパスタに添えたいスープです。和風の汁物と同じ、こんぶと干ししいたけでとっただしをベースにします。

具は、季節の野菜のほか、豆、いも、雑穀類などを使えばボリュームたっぷり。サンドイッチやパスタに添えれば、もうほかのおかずはいりません。

それぞれの季節の食材をヒントに、オリジナルスープを工夫してみてください。

根菜たっぷりのスープ

材料（2人分）

にんじん	2㎝
ごぼう	10㎝
大根	1㎝
押し麦	大さじ2
塩	少々
青ねぎ	少々

作り方

1 ごぼう、にんじん、大根は3～4㎜厚さのいちょう形に切る。

2 鍋に湯2.5カップを沸かし、さっと洗った押し麦を入れ、蓋をずらしてかけ、ときどきまぜながら10分煮、1を加えてさらに6分煮る。

3 野菜がじゅうぶんにやわらかくなったら塩で味をととのえる。青ねぎを3㎝長さに切って加え、ひと煮する。

冬

おすすめ食材

大根、かぶ、れんこん、ねぎ、ブロッコリー、カリフラワー、芽キャベツ、小松菜、ほうれんそう、春菊、クレソン

じゃがいもと平打ち豆のスープ

材料（2人分）

じゃがいも	1個
平打ち豆（72ページ参照）	大さじ2
玉ねぎ	1/3個
しめじ	1/2パック
塩	小さじ1/2

作り方

1 じゃがいも、玉ねぎ、しめじは1㎝角に刻み、鍋に入れる。

2 平打ち豆も加えて水2.5カップを注ぎ、火にかける。煮立ったら弱めの中火にし、野菜がやわらかくなるまで6分ほど煮る。塩で味をととのえる。

秋

おすすめ食材

さつまいも、里いも、山いも、ごぼう、ずいき、新大豆、新いんげん豆

おかずを兼ねる汁&スープ

豆や大豆加工品、
麩などのタンパク質食品をはじめ、
カリウムの豊富な野菜を加えた
具だくさんの汁物を紹介します。
おかずを兼ねることができるので、
ごはんと、
常備菜か漬け物を添えれば
献立が完成します。
汁物は、ぼそぼそしがちな玄米の、
のど越しを助けて
食べやすくするとともに、
塩分の補給源として、食卓に
陽性パワーを補う役割も果たします。
ただし、
塩分のとりすぎには注意したいもの。
具だくさんに仕立てれば、
タンパク質食品のうまみや
野菜の風味で、
薄塩でもおいしく食べられ、一挙両得です。

からだの熱をとりたい
春夏の夕食にぴったり

とうふとかぶののりすい

材料（2人分）

木綿豆腐	½丁
かぶ	1個
にんじん	40ｇ
かぶの葉	少々
だし	2カップ
しょうゆ	大さじ1
塩	少々
のり	2枚

作り方

1 とうふはさいの目に切る。かぶも4〜5㎜角のさいの目に切る。

2 にんじんは薄いいちょう形に切る。かぶの葉は小口切りにする。

3 だしを温めてかぶ、にんじん、かぶの葉を入れてやわらかくなるまで煮る。しょうゆと塩で味をととのえ、火を止めてのりを小さくもんで散らす。

夏野菜の甘みと麦みその香りが
朝の元気を応援する

玉ねぎとかぼちゃのみそ汁

材料（4人分）

- かぼちゃ・・・・・・・・・・・・100g
- 玉ねぎ・・・・・・・・・・・・・½個
- ターツァイ（または小松菜）・・・1株
- だし・・・・・・・・・・・・2.5カップ
- みそ（麦みそ＋豆みそ）・・・大さじ2

作り方

1. かぼちゃは一口大に切り、玉ねぎはくし形に切る。ターツァイはざく切りにする。
2. だしをあたためてかぼちゃと玉ねぎを入れてやわらかく煮て、ターツァイを加えてさっと煮る。
3. みそをとき入れて煮立つ直前に火を止める。

マクロ クッキングメモ

麦みそはすると陽性がアップ

豆みそはかたくなめらかなペースト状ですが、麦みそは普通、麦が粒のまま入っています。そのまま汁にとかすと麦の粒が浮いてプツプツとした舌ざわりが楽しめます。一方、みそこしを使って粒をすりつぶすと、口当たりがなめらかになってコクが増し、する圧力によって陽のパワーが加わります。盛夏なら麦粒を残したまま味わい、寒くなってきたらみそこしですって陽性パワーを加味し、甘い麦みそを長く楽しむのもよいでしょう。

れんこんのとろみに
油揚げの陽性パワーを加えて、
体をあたためる効果満点に

おろしれんこんののっぺ風

材料（2人分）

大根・・・・・・・・・・・・・・・100g
ごぼう・・・・・・・・・・・・・・100g
にんじん・・・・・・・・・・・・・40g
ねぎ・・・・・・・・・・・・・・・10㎝
油揚げ・・・・・・・・・・・・・・½枚
だし・・・・・・・・・・・・・・・3カップ
れんこん・・・・・・・・・・・・・100g
しょうゆ・・・・・・・・・・・・・小さじ1
塩・・・・・・・・・・・・・・・・小さじ½

作り方

1 大根は3〜4㎜厚さのいちょう形に切る。ごぼうとにんじんは小さめの乱切りにする。ねぎはぶつ切りにし、油揚げは短冊に切る。

2 鍋にだしと大根、ごぼう、にんじんを入れて火にかけ、煮立ったら火を弱めてゆっくりと煮る。

3 野菜が十分にやわらかくなったら、れんこんをすりおろして加え、全体にまぜる。

4 れんこんに火が通ってとろみがついてきたらしょうゆと塩で調味し、ねぎと油揚げを加えてさらに3分ほど煮る。

れんこんは皮つきのまますりおろし、出た水分にカリウムが含まれているので、しぼらずに加える。

陽性パワーに満ちた根菜と
さつまいもで、
冬に備えてエネルギーの充電を

さつまいもの さつま汁

材料（4人分）

さつまいも	150g
ごぼう	100g
こんにゃく	30g
青梗菜	1株
ねぎ	15cm
ごま油	大さじ½
だし	2.5カップ
みそ（麦みそ＋豆みそ）	大さじ2

作り方

1 さつまいもは4〜5mm厚さのいちょう形に切る。ごぼうはささがきにする。こんにゃくはさっとゆでてちぎる。青梗菜はざく切りにする。ねぎは小口切りにする。

2 鍋に油を熱してごぼうとこんにゃくをいため、だしを注ぐ。煮立ったらさつまいもを加えてやわらかくなるまで煮る。

3 青梗菜とねぎを加えてひと煮し、みそをとき入れ、煮立つ直前に火を止める。

陰性の豆乳をみそ仕立てにして
陰陽のバランスよく

里いもとキャベツの豆乳チャウダー

材料（2人分）

里いも	100 g
キャベツ	100 g
玉ねぎ	½個
にんじん	40 g
オリーブ油	大さじ1
全粒粉	大さじ1
だし	1.5カップ
みそ	大さじ1
豆乳（184ページ参照）	1カップ
塩	少々

作り方

1 里いもは1㎝角に切る。玉ねぎとにんじんも同じ大きさに切る。キャベツはざく切りにする。

2 鍋に油を熱して玉ねぎとにんじんを入れ、焦がさないように弱火でゆっくりといためる。しんなりとしたら全粒粉を振り入れていため、粉けがなくなったらだしを注ぐ。

3 鍋底からまぜながら煮て、とろみがついたら里いもとキャベツを加え、ときどきまぜながら里いもに火が通るまで煮る。

4 みそをとき入れ、豆乳を加えてのばす。煮立てないように温め、塩で味をととのえる。

玉ねぎがしんなりしたら全粒粉を振り入れて粉けがなくなるまでいためる。国産小麦の全粒粉はグルテンが少ないので、さらさらとしていてダマになりにくい。

レンズ豆

西アジア原産のヒラマメの仲間で、インドやエジプトでよく食べられている。栄養成分はあずきに近く、乾燥豆でも短時間でもどるので使いやすい。

やわらかな豆に
夏野菜を組み合わせて、
体の熱をとりたい初夏のランチに

レンズ豆とセロリのスープ

材料（4人分）

レンズ豆（乾燥）	50g
玉ねぎ	½個
セロリ	1本
にんにく	1かけ
オリーブ油	大さじ1
塩	適量
クレソン	少々

作り方

1 レンズ豆はざっと洗って水3カップにつけて10分ほどおく。

2 玉ねぎとセロリは5㎜角に切り、にんにくはみじん切りにする。

3 鍋に油を熱して玉ねぎとセロリとにんにくをいため、よい香りが立ったらレンズ豆をつけ汁ごと加える。

4 煮立ったら弱火にし、レンズ豆がやわらかくなるまで、20分ほど煮る。

5 塩で味をととのえ、ちぎったクレソンを浮かべる。

乾物に、
くず粉やごま油を組み合わせて、
冬野菜のパワー全開に

白菜ときくらげのスープ

材料（2人分）

白菜	200ｇ
ねぎ	½本
しょうがの薄切り	1枚
きくらげ（乾燥）	2枚
春菊	2本
塩	少々
だし	2.5カップ
くず粉	小さじ1
ごま油	少々

作り方

1 白菜はざく切りにし、ねぎは斜めに切る。しょうがはせん切りにする。春菊も茎も葉もいっしょにざく切りにする。

2 きくらげは水につけてもどし、かたい石づきを除き、食べよくちぎる。

3 鍋に白菜とねぎを入れて塩を振り、しょうがときくらげを加え、だしを注いで火にかける。煮立ったら蓋をし、弱火で約15分、白菜が透き通るくらいまでゆっくり煮る。

4 味をみて塩で調味し、春菊を散らしてひと煮する。

5 くず粉を倍量の水でとき、4に回し入れて底からまぜながらとろみがつくまで煮る。最後に香りづけにごま油をたらす。

memo

湯葉は板湯葉でも巻き湯葉でも、干したものなら形にこだわらずに使える。割れた湯葉を集めた商品もあり、汁物には割安で手軽に使えるので重宝。

夏前に食べきりたい乾物を集めて、
天然のうまみを味わいながら冷え予防

干し湯葉と切り干し大根のスープ

材料（4人分）

干し湯葉	1枚
水菜	100 g
切り干し大根	30 g
塩こんぶ	5 g
だし	2.5カップ

作り方

1 水菜はざく切りにする。

2 切り干し大根はざっと洗って水けをしぼり、食べよく刻む。

3 鍋にだしと塩こんぶ、切り干し大根を入れて火にかけ、煮立ったら弱火にして5分ほど煮る。

4 切り干し大根に火が通ったら水菜を加えてひと煮し、湯葉を手で砕いて加える。湯葉がやわらかくなったら味をみて塩でととのえる。

マクロ クッキングメモ

洋風や中国風のスープのもとは？

洋風や中国風スープ用に、こんぶと切り干し大根を煮出すスープストックを使う方法もあります。でも、野菜をじっくりいためてゆっくり煮ることで十分にうまみが出るので、こんぶだしだけでも、あるいは水でもだいじょうぶです。洋風は玉ねぎやセロリ、中国風ならしょうがやねぎなどの香味野菜を加えるとより効果的。こくがほしいとき、陽性を強めたいときは、仕上げに洋風はオリーブ油、中国風はごま油をたらしても。

マクロビオティックへの疑問・不安にお答えします その2

解答者＝野口節子

牛乳や乳製品をまったくとらないとカルシウムが不足するのではないかと心配ですが、だいじょうぶでしょうか?

現代人は、牛乳を毎日飲むことが健康の増進につながると信じているようで、最も過大評価されている食品です。

しかし、マクロビオティックでは次の理由からすすめていません。

1 牛乳に含まれている乳糖が体に吸収されるには、それを分解する酵素が必要ですが、その酵素を十分持っていない日本人は75%近くもいる。そうしたタイプでは、牛乳を飲むと、お腹が張ったり腹痛や下痢などの症状が生じることがある。

2 牛乳は栄養価のわりに水分が多く、多量に飲むと満腹になって、他の食べ物が食べられなくなる場合もある。

3 母乳よりヨード、鉄、マンガン、レシチンなどの成分が少ない。これは子牛がこうした成分を人間ほど必要としないため。

4 牛乳のタンパク質粒子は微少であるため、代謝されないまま腸管粘膜から吸収される可能性が高く、アレルギー症状を招く可能性がある。

5 牛乳に含まれる脂肪酸は、胃粘膜を刺激して腸のぜん動運動を誘発し、下痢を招きやすい。

このほか、エサを通じて土壌汚染物質が牛乳に移行している、牛の病気予防のための抗生物質や乳の出を高めるためのホルモン剤などが牛乳に排泄されている、といった可能性も指摘されています。

カルシウムなら、小松菜や菜の花などの青菜、ひじき、こんぶ、のりなどの海草、ごま、切り干し大根、凍り豆腐、大豆やとうふなどの大豆製品にも多く含まれています。

牛乳を飲まなくても、こうした食品を毎日の献立にとり入れることで、必要なカルシウムは摂取できます。

カルシウム不足が心配な場合は、干しえびや煮干しなどの干した小魚をときどきとるようにするといいでしょう。

マクロビオティックではなぜ、食べる量や栄養のバランスを数字で示さないのですか?

1日何カロリー、ビタミンは何グラムなど、現代栄養学が示す食事の目標量は、大規模な集団を対象に、性別と年齢、体格をもとに統計的な平均値を示したものです。でも、私たちは1人1人体質も体調も異なります。同じものを食べても消化・吸収率が異なり、体内での代謝の状態も千差万別です。穀物と野菜を中心に、季節や体質・体調に応じてかげんし、よくかんで腹八分目を守って食べれば、自分に必要な栄養や成分が過不足なくとれるものです。逆に、そうした自己コントロール力を養うことも、マクロビオティックの大事なポイントです。

マクロビオティックでダイエットができますか?

マクロビオティックはダイエットを目的とした食事方法ではありません。でも、精白米を主食に肉を毎日のようにとる現代の一般的な食事をしている人が、玄米と野菜中心のマクロビオティックに切りかえると、自然にダイエットできることが少なくありません。玄米を主食にすると、肉だけでなく、脂っこい料理がほしくなくなるので、脂肪の摂取量が大きく低下します。17ページで紹介したように、1日分のエネルギー量は決して少ないわけではなく、満腹感も十分に得られるのに、体重が少しずつ減っていくという経験を多くの人がします。脂肪とともに砂糖の摂取量も激減するので、血糖値が高くなりにくいことから、体内で余剰エネルギーが蓄積されず、減量効果が得られるのかもしれません。

加えて、マクロビオティックの食事は野菜や大豆製品から抗酸化物質をたくさんとるので、生活習慣病の予防効果も期待できると考えられます。

第3章

〝畑の肉〟でタンパク質もうまみも満点！主菜になるおかず

普通の食事で主菜といえば、肉や魚料理ですが、マクロビオティックで主菜となるのは、大豆や大豆加工品、麩の料理です。

こうした植物性タンパク質食品でも、玄米と組み合わせれば栄養的に不足しないことは、16ページで紹介した通りです。動物性食品のような余分な脂肪やアク、においなどもないので、調理はいたって楽ですし、内臓によけいな負担をかけることもありません。

最初はもの足りなく感じるかもしれませんが、野菜の甘みや歯ごたえ、ごまやみその香りとともに味わううちに、植物性食品ならではのおだやかなうまみを敏感に感じるようになります。

豆のおかず

豆は穀物と同じく、命の源となる栄養がそろった一物全体の食物です。命の源となる栄養は、タンパク質、脂質、炭水化物ですが、その比率は豆の種類によって大きく異なります。大豆はタンパク質の割合が大きいとともに、脂質も豊富です。その分、炭水化物が少なめです。いんげん豆、あずき、外国産のひよこ豆やレンズ豆などは、炭水化物が最も多く、脂質はわずかです。

つまり大豆は文字どおり〝畑の肉〟。その他の豆は穀物の仲間といってもいいでしょう。

ただ、大豆はタンパク質を構成する必須アミノ酸の種類が、米や小麦と補い合う関係にあり、その他の豆も、穀物に少ないビタミンB_2や葉酸が豊富。豆は穀物といっしょに食べてこそ価値ある食品といえます。

乾燥豆のゆで方●大豆

時間がかかりますが、水煮缶より凝縮されたうまみと甘みが味わえます。

1 大豆は洗って水けをきり、豆のかさの4～5倍の水につけて半日～一晩おく。途中でできた豆のしわが消えて、ふっくらすればよい。

2 つけ汁のまま火にかける。煮立ったら弱めの中火にして浮く泡をすくいとる。泡がおさまったら弱火にして落とし蓋をし、弱火で煮る。

3 煮汁が常に豆の上に2～3㎝あるように火かげんをして1時間～1時間半ゆでる。指先でつぶれるようになればゆで上がり。

マクロ クッキングメモ ゆで大豆の保存法

1カップゆでると2～3回は食べられる。残す分は、ゆで汁が熱いうちに塩少々を加えて冷まし、ゆで汁ごと密閉容器に入れて冷蔵庫に。1週間はもつ。冷凍してもよい。

大豆

三大栄養素だけでなく、健康増進に役立つ機能性成分も豊富。消化が悪いのが欠点で、そのために多くの加工食品が古くから開発されてきた。

黒豆

大豆の黒色種。黄大豆と同じ栄養機能成分のほか、色素成分に抗酸化作用を持つアントシアニンが豊富。黒豆といえば甘煮だが、甘くない黒豆料理を工夫したい（30ページ参照）。そのまま食べられるいり黒豆もある。

平打ち豆

大豆の緑色種、青大豆をゆでてつぶして乾燥させた製品。黄大豆の製品もある。火の通りが早く、汁の実にも使える（61ページ参照）。

副材料はいため玉ねぎと地粉だけ。
ひき肉なしでも満足できるおいしさ！

大豆のハンバーグ

作り方

1 玉ねぎはみじん切りにして、油小さじ1でしんなりするまでいためる。

2 大豆はあらくつぶして玉ねぎと地粉、塩を加えてさらにつぶしながらまぜ、4つに分けてそれぞれ楕円形に丸める。

3 にんじんは3〜4㎜厚さの半月形に切る。

4 フライパンに油小さじ1を熱して大豆ハンバーグを入れ、両面に焼き色をつける。あいたところににんじんも入れて焼きつける。どちらにもつやが出たら水大さじ2を回し入れ、すぐに蓋をして2〜3分蒸し焼きにして火を通す。

5 器に盛り、クレソンを添える。

材料（2人分）

ゆで大豆	200ｇ
玉ねぎ	½個
地粉	大さじ2
塩	少々
にんじん	2㎝
植物油	小さじ2
クレソン	少々

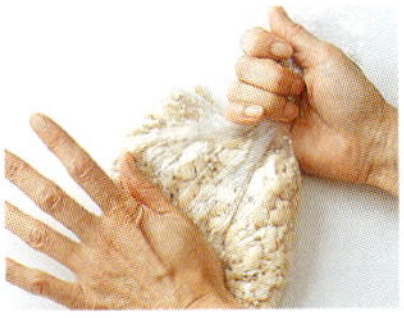

ゆで大豆はポリ袋に入れて手の親指の腹で押しつぶすと、転がらずにつぶしやすい。

memo 大豆のうまみで食べるが、大根やしょうがのすりおろしにしょうゆを添えてもおいしい。

だしがらを活用した省エネメニュー。
甘くないからたっぷり食べられる

五目豆

材料（2人分）

ゆで大豆	150ｇ
だしがらこんぶ（55ページ参照）	10ｇ
だしがらしいたけ（55ページ参照）	1枚
ごぼう	⅓本（60ｇ）
にんじん	50ｇ
大豆のゆで汁	¾カップ
しょうゆ	大さじ1

作り方

1 こんぶとしいたけは1㎝角に切る。ごぼうは2〜3㎜厚さのいちょう形に切り、にんじんは7㎜角に切る。

2 大豆とゆで汁を鍋に入れて煮立て、**1**を加えてしょうゆで調味し、汁けが少なくなり、野菜がやわらかくなるまで7〜8分煮る。

memo 常備菜になるが、砂糖が入っていないので日もちはよくない。冷蔵庫で2日くらいが目安。

うずら豆

いんげん豆の一種で、茶褐色の斑点が鳥のうずらに似ていることから名づけられた。やはり褐色の斑点模様から虎豆と呼ばれるいんげん豆もある。いずれも国産は栽培量が少なく高価。

金時豆

いんげん豆の赤色種。国産のいんげん豆のなかで最も栽培量が多く、入手しやすい。欧米産のキドニービーンズとは親戚関係。どちらも黒豆ほどではないが、アントシアニンを含む。

白いんげん豆

大福豆、大手芒《おおてぼう》などの国産品種は出回り量が少なく、乾燥豆での流通はわずか。欧米産の白いんげん豆は価格も手ごろで、皮がやわらかく調理しやすい。

砂糖なしで自然の甘みを味わう

金時豆とさつまいものいとこ煮

作り方

1 さつまいもは7～8㎜厚さの半月形に切る。こんぶは1㎝角に切る。

2 鍋にだしをあたためてさつまいもとこんぶを入れて煮る。やわらかくなったら塩としょうゆで調味し、金時豆を加えて4分ほど煮る。

材料（2人分）

ゆで金時豆
　・・1カップ弱（150ｇ）
だしがらこんぶ
　（55ページ参照）・10ｇ
さつまいも・・・・150ｇ
だし・・・・・・$\frac{3}{4}$カップ
塩・・・・・・・小さじ$\frac{1}{5}$
しょうゆ・・・・大さじ1

乾燥豆のゆで方●いんげん豆

1 豆は洗って豆の4～5倍の水につけて半日～一晩おく。

2 つけ汁ごと鍋に移して強火にかけ、煮立ったら弱火にする。つねに豆に煮汁がかぶるように、少なくなったら水を足しながらゆでる。指先でやっとつぶれるくらいになればゆで上がり。

マクロ クッキングメモ

ゆでいんげん豆の保存法

いんげん豆も、煮豆やスープにする場合は煮汁があるとおいしいので、大豆と同じ要領で、煮汁に塩少々を加えて汁ごと冷蔵庫に。

煮つぶしたりんごが調味料に

白いんげん豆のりんご煮

材料（2人分）
ゆで白いんげん豆……150 g
りんご（紅玉、あかねなど）
…………小1個（150 g）
ゆずの薄切り…………1枚
塩…………ごく少々

作り方

1 りんごはよく洗って薄いいちょう形に切り、鍋に入れて水1/4カップを注ぎ、蓋をして5分ほど煮る。

2 りんごが透き通ってやわらかくなったら蓋をとって軽くつぶし、いんげん豆とゆずを加えて、塩を振って全体にまぜ、汁けがなくなるまで中火で煮る。

ゆずの香りと酸味でいただく

白いんげん豆とカリフラワーのサラダ

材料（2人分）
ゆで白いんげん豆…………150 g
カリフラワー…………1/2株
ゆずの皮のせん切り…………少々
A ゆず果汁…………大さじ1 1/3
A 油…………大さじ1
A 塩…………小さじ1/5

作り方

1 カリフラワーは小房に分けてゆでる。

2 Aをまぜ合わせ、カリフラワーといんげん豆、ゆずの皮をあえる。

memo
ゆずのかわりにだいだいやかぼすなど、身近な酸柑類を使ってもよい。

麩のおかず

麩は、小麦粉をねってデンプンを洗い流してグルテンという小麦タンパク質をとり出して加工した食品です。グルテンにもち米や米粉を加えてねり、蒸したのが生麩。小麦粉などを加えて焼いたものが焼き麩です。焼き麩は各地で伝統の製品が作られており、材料の配合も違えば焼き方も味もさまざま。個性豊かな味を楽しんでください。

野菜の甘みを吸い込んだ板麩のうまみと食感が楽しい

白菜と板麩の八宝菜風

材料（2人分）

板麩（庄内麩）……2枚（35ｇ）
白菜……150ｇ
にんじん……40ｇ
細ねぎ……6本
しょうがの薄切り……1枚
植物油……小さじ2
A ┌ だし……½カップ
　│ 塩……少々
　└ しょうゆ……小さじ1
くず粉……大さじ½
ごま油……少々

作り方

1 麩はもどして一口大に切る。

2 白菜はざく切りにする。にんじんは4㎝長さに細く切る。ねぎはざくざくに切る。しょうがはせん切りにする。

3 フライパンに油を熱してしょうがを入れていため、香りが立ったら白菜とにんじんを入れていためる。にんじんがしんなりしたら麩を加えてざっといため合わせ、Aを加える。

4 くず粉を水大さじ1でとき、**3**が煮立ったところに回し入れ、手早くまぜてとろみをつける。最後にねぎを散らしてひとまぜし、ごま油をたらして香りをつける。

板麩（庄内麩）

グルテンと小麦粉などをねった原料を棒に巻きつけてじか火で焼き、蒸してから押しつぶして乾燥させて板状にした製品。江戸時代に生まれた最も古い焼き麩とされ、山形・秋田県産の庄内麩が有名。ぬれぶきんにはさんでもどすのが基本だが、切って使う場合は、いきなりたっぷりの水につけると早くもどり、生地が密なので破れる心配もない。汁の実用に細く刻んだ製品も売られているが、その場合はもどさずにそのまま汁に入れる。

陽性パワーを秘めた板麩に包めば
生野菜も中性メニューに変身

板麩の野菜巻きソテー

材料（2人分）

板麩（庄内麩）	2枚（35 g）
キャベツ	150 g
にんじん	40 g
しょうがの薄切り	1枚
塩	小さじ⅓
全粒粉	少々
しょうゆ	小さじ1
植物油	大さじ1

作り方

1 麩はぬれぶきんに包んで20分おくか、バットに入れて水をひたひたにかけ、10～15分おいてもどす。全体がしっとりしたら水けをしぼり、それぞれ端を切って開く。

2 キャベツ、にんじん、しょうがはせん切りにし、ボウルに合わせて塩を振って全体にまぶし、しんなりするまでおき、ぎゅっとしぼる。

3 開いた麩に**2**を半量ずつのせ、クルクルと巻く。

4 表面に薄く全粒粉を振る。

5 フライパンに油を熱して**4**を入れ、転がしながら全体にこんがりするまで焼く。しょうゆを回し入れてからめる。

6 あら熱がとれたら食べやすく切り分け、器に盛る。

板麩はもどしたら長い片端を切って１枚に広げ、塩をした野菜を手前に横長におく。切り落とした麩の端ものせ、いっしょに巻き込む。

煮汁を吸った小麦タンパクのうまみと食べごたえは、
豚肉より魅力！

車麩の肉じゃが風

材料（2人分）

車麩	大2個
じゃがいも	2個
玉ねぎ	½個
糸こんにゃく	50 g
植物油	少々
だし	1.5カップ
みそ	大さじ2
しょうゆ	小さじ½

作り方

1 麩は水につけてもどし、4～6等分に切って水けをしぼる。

2 じゃがいもは一口大に切る。玉ねぎはくし形に切る。こんにゃくは下ゆでして水けをきり、食べよく切る。

3 鍋に油を熱してこんにゃくをいためて余分な水けを飛ばす。じゃがいもと玉ねぎを加えてざっといため、油が回ってつやが出たらだしを注ぐ。

4 煮立ったら中火にしてじゃがいもがやわらかくなるまで煮、みそとしょうゆで調味してさらに3～4分煮る。

5 麩を加えて煮汁を吸わせながら、汁けがほとんどなくなるまで煮る。

車麩

バームクーヘンのように、生地を棒に巻いて焼きながら重ね巻きにした製品。新潟県などでは、重曹を使わず、グルテンの膨張力だけを利用して作られるので、重く密に仕上がり、もどすのに時間がかかるが、歯ごたえとコクがある。沖縄など西日本では、重曹を加えた生地を１回巻いただけで焼き上げるので、軽くふんわりとした食感が特徴。

なめらか＆とろとろとした食感は
しゃきしゃき青菜と名コンビ

観世麩と青梗菜のチャンプルー

材料（2人分）

青梗菜	2株
観世麩	18個
ねぎ	$\frac{1}{2}$本
ごま油	大さじ1
塩	少々
しょうゆ	小さじ1

作り方

1 青梗菜は軸と葉に分け、それぞれ縦半分に切る。ねぎは斜めに薄く切る。

2 麩はたっぷりの水につけてもどし、水けをしぼる。

3 フライパンに油を熱して青梗菜の軸とねぎ、麩を入れていため、油が回ってつやが出たら葉を加えていため合わせる。青梗菜がしんなりしたら塩を振っていため、しょうゆを回し入れて大きくまぜて火を止める。

観世麩

重曹を加えた生地をオーブンで焼いた製品なので、軽くふわっと仕上がり、水分の吸収が早い。汁の実にする場合はそのまま汁に入れてもすぐにもどる。いため物や汁けの少ない煮物に入れるときは、水につけてもどしてしぼってから入れるほうが早く味がなじみ、煮汁を吸っておいしくなる。小町麩、玉子麩、白玉麩、あられ麩なども仲間。

大豆加工品のおかず

マクロビオティック初心者には、肉や魚にかわるおかずとして、最もなじみやすいのは大豆加工品でしょう。タンパク質もビタミンB群も豊富で、現代栄養学からいっても主菜の役割にふさわしいといえます。

注意したいのは、最も食べなれている豆腐や納豆は、意外に陰性が強いこと。厚揚げや湯葉も比較的陰性に傾いていると評価されています。そうした食品はじっくり加熱したり、乾物や根菜と組み合わせるなど、季節や体調によって陰陽のバランスをとるくふうをしましょう。

山里＆海の幸で陰陽の
バランスよく、ミネラルも満点

凍り豆腐と海草の中国風サラダ

材料（2人分）

凍り豆腐（高野豆腐）		1枚
海草ミックス（乾燥）		5g
いり白ごま		大さじ1
A	しょうゆ	大さじ1
	酢	大さじ1
	ごま油	大さじ½

作り方

1 凍り豆腐は水につけてもどし、水けをしぼって細く切る。

2 海草ミックスも水につけてもどし、水けをきる。

3 器に凍り豆腐を盛って海草ミックスを上にのせ、いりごまを散らす。Aを合わせて回しかける。

もどし方●機械製法凍り豆腐

1 凍り豆腐は底の平らなバットに並べ、ぬるま湯を回しかけ、上に皿などの軽い重しをのせて上面まで水につかるようにしてもどす。

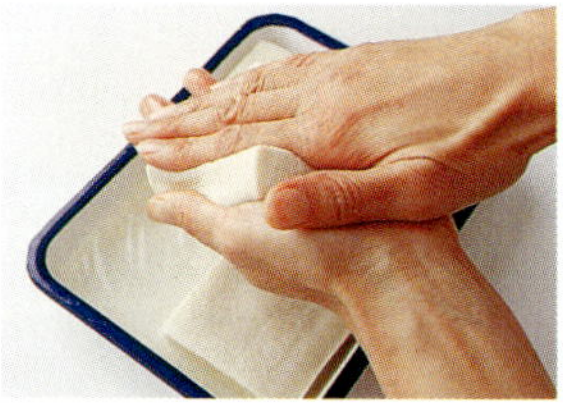

2 水けをじゅうぶんに含んでふっくらともどったら、両手のひらにはさんで、水けを押ししぼる。しぼった水が白く濁らなくなるまで、水をとりかえて数回しぼる。

凍り豆腐

とうふを凍結・乾燥させて作られる伝統食品。保存食品として重宝で、タンパク質のほか、カルシウム、ビタミンEやKも豊富。昔ながらの天然凍結・天然乾燥で作られた製品は、もどすのに時間がかかり、かためだが、大豆のうまみに富む。一般に「高野豆腐」の名で売られるのは機械製法製品。人工凍結後、重曹で膨軟加工して機械乾燥するため、もどりが早く、ふっくらとやわらかい。陰陽のバランスは前者のほうがより中庸に近い。

油で揚げて陽性を強めた寒い季節のごちそう

凍り豆腐の野菜あんかけ

作り方

1 凍り豆腐はもどし、両手にはさんで水けをきつくしぼる。

2 **1**を4等分に切って地粉を薄くまぶし、中温の揚げ油でカリッとするまで揚げ、油をきって器に盛る。

3 にんじんは細切りに、青ねぎは4㎝長さに切る。

4 小鍋にAを煮立てて、にんじんともやしを煮る。火が通ったら水小さじ1でといたかたくり粉を流し、軽くとろみがついたらねぎを加えてひと煮し、**2**の凍り豆腐にかける。

材料（2人分）

凍り豆腐（高野豆腐）	2枚
地粉	適量
揚げ油	適量
にんじん	40ｇ
もやし	½袋
青ねぎ	少々
A だし	¾カップ
A しょうゆ	小さじ2
A 塩	少々
かたくり粉	小さじ½

みそをはさんで、焼いた凍り豆腐の香ばしさと歯ごたえを楽しんで

凍り豆腐のステーキ・にらねぎソース

作り方

1 凍り豆腐はもどして斜め半分に切り、厚みの半分に切り目を入れる。

2 青じその葉を縦半分に切り、みそを少しずつのせて二つ折りにし、**1**にさし込む。

3 にらとねぎは小口切りにする。

4 フライパンに油大さじ1.5を熱して凍り豆腐を入れ、両面を薄いきつね色になるまで焼いてとり出し、器に盛る。

5 残りの油大さじ½を熱して**3**をさっといため、塩を振って薄味にととのえ、**4**にかける。

材料（2人分）

凍り豆腐	4枚
青じそ	4枚
にら	½わ
細ねぎ	4本
みそ	小さじ1
植物油	大さじ2
塩	少々

マクロ クッキングメモ

天然製法凍り豆腐のもどし方

天然製法の凍り豆腐は水につけただけでは、ふっくらもどらない。バットに並べて熱湯を回しかけ、冷めるまでおいてから押ししぼる。にがり臭があれば、さらに水を加えて押ししぼるとよい。

太陽の光で乾かしたひじきの
陽性パワーを加えてバランスよく

ひじきがんも

材料（2人分）

がんもどき	小4個（100 g）
ひじき	10 g
れんこん	100 g
ごま油	小さじ2
だし	1カップ
しょうゆ	大さじ½
塩	少々
三つ葉	少々

作り方

1 がんもどきは熱湯をかけて油抜きをする。

2 ひじきは洗って刻む。れんこんは薄い半月形に切る。

3 鍋に油を熱してひじきとれんこんを入れていためる。全体に油が回ってつやが出たらだしを注ぎ、しょうゆと塩で調味し、5〜6分、味がなじむまで煮る。

4 がんもどきを加えてさらに3〜4分煮る。

5 三つ葉は葉先と軸に分け、軸は短く刻む。

6 器に4を盛り、三つ葉を散らす。

がんもどき

とうふをくずして野菜やこんぶ、ごま、ぎんなんなどを加え、つなぎに山いもをまぜてまとめ、油で揚げた製品。西日本ではひりょうず、ひろうすとも呼ばれる。雁の料理をまねた精進料理だけに、コクもあり栄養価も高く、とうふより陽性なので、活力がほしいときに向く。

香ばしく焼いた油揚げが
コロッケの衣がわり

油揚げの
里いもコロッケ風

材料（4人分）

油揚げ	1枚
里いも	100ｇ
せり	1/2わ
ねぎ	15㎝
塩	少々
植物油	大さじ1

作り方

1 里いもは皮をむいて一口大に切る。

2 せりはざく切りにする。ねぎはあらみじんに刻む。

3 鍋に里いもを入れてたっぷりの水を加えて火にかけ、吹きこぼれないように火かげんに注意しながらゆでる。やわらかくなったら、せりを加え、ざっとまぜていっしょにゆで、ざるに上げて水けをきる。

4 熱いうちにボウルに入れてねぎを加え、塩で味をととのえ、里いもを軽くつぶしながらまぜる。

5 油揚げは半分に切って口を開き、**4**を詰める。

6 フライパンに油を熱して入れ、両面をこんがりと焼く。1個を2つに切って器に盛る。

油揚げは長さを半分に切り、それぞれ破かないように袋に開き、せりとねぎをまぜた里いものマッシュを詰める。

油揚げ

とうふを薄く切って油で揚げた製品。薄揚げとも呼ばれる。少量でもエネルギーが高く、うまみとコクが出るので、野菜ばかりではもの足りないときに、肉のかわりに使うのに最適。植物油由来のビタミンEが豊富だが、油が酸化しやすいので、鮮度に注意したい。

根菜と組み合わせてしっかりいためて、陽性パワーをプラスして

ごぼうとにんじんのいりどうふ

材料（2人分）

木綿豆腐 ・・・・・・・・ 1丁（300 g）
ごぼう ・・・・・・・・・・・・・ 60 g
にんじん ・・・・・・・・・・・ 50 g
だしがらしいたけ
（55ページ参照） ・・・・・・・ 1枚
ごま油 ・・・・・・・・・・・・ 小さじ1
しょうゆ ・・・・・・・・・・・ 小さじ2

作り方

1 ごぼうとにんじんは斜め薄切りにしてから細く切る。しいたけも細く切る。

2 鍋をじゅうぶんに熱してごま油を入れてなじませ、**1**を加えてさらにじっくりといためる。

3 野菜全体につやが出てしっとりしてきたら、とうふを手で大きくくずしながら加えていためる。とうふに弾力が出てきたらしょうゆを回しかけ、汁けがほとんどなくなるまでいり煮する。

ごぼうやにんじんをいためた油をとうふにまぶすようにして、香ばしくいためる。

とうふ

大豆をゆでてつぶし、おからをしぼったあとの豆乳に凝固剤を加えてかためた食品。豆乳をそのままかためると絹ごしに、かたまったところで型に入れて圧搾して水分を除くと木綿豆腐になる。とうふは陰性だが、木綿豆腐のほうがやや陽性。

ごまの陽性パワーと山菜の芽吹きパワーをもらって

にんじんとぜんまいのしらあえ

作り方

1 にんじんは3～4㎝長さの棒状に切り、ぜんまいも同じ長さに切る。以上を煮立てたAに入れ、しんなりするまで煮、冷めるまでおく。

2 とうふは大きいまま水からゆで、ゆらりと揺れたらふきんを敷いた盆ざるにとり、皿2枚くらいの重しをのせて冷めるまでおいて水きりをする。

3 とうふとBを合わせてへらなどでなめらかになるまでまぜ合わせる。

4 **1**の汁けをきって**3**であえ、器に盛る。

材料（2人分）

- にんじん・・・・・30g
- ぜんまいの水煮・・50g
- 木綿豆腐・・⅓丁（100g）
- A
  - だし・・・・¼カップ
  - 薄口しょうゆ・・・・・・・小さじ¼
- B
  - ねり白ごま・大さじ1
  - みそ・・・大さじ1.5

しらあえの衣は、ねりごまを使えば、ゆでたとうふにまぜるだけで手軽にできる。

豚肉に負けないおいしさとボリューム感

とうふじゃが

材料（2人分）

- 木綿豆腐・・1丁（300g）
- じゃがいも・2個（160g）
- 玉ねぎ・・・・・・・・½個
- しらたき・・1個（100g）
- せり・・・・・・・・・少々
- 植物油・・・・・小さじ2
- だし・・・・・・¾カップ
- しょうゆ・・・大さじ1.5

作り方

1 とうふは小口から1.5～2㎝厚さに切る。じゃがいもは一口大に切り、玉ねぎはくし形に切る。

2 しらたきは下ゆでしてざく切りにする。

3 鍋に油を熱してとうふを入れ、両面に焼き色がつくまでいためる。しらたきを加えてとうふをこわさないようにいため合わせ、余分な水分を飛ばす。

4 だしを注ぎ、じゃがいもと玉ねぎを加え、蓋をずらしてかけ、中火で4～5分煮る。

5 しょうゆで調味し、じゃがいもがやわらかくなるまで煮る。最後にせりをざく切りにして散らし、ひとまぜする。

干し湯葉にくずあんをからめて
舌ざわりなめらかに

かぼちゃとひじきのれんこん蒸し・湯葉あんかけ

材料（2人分）

れんこん・・・・・・・・・・・・100g
かぼちゃ・・・・・・・・・・・・100g
ひじき（乾燥）・・・・・・・・・・5g
干し湯葉・・・・・・・・・・・・・1枚
A ┌だし・・・・・・・・・½カップ
　 │しょうゆ・・・・・・・小さじ½
　 └塩・・・・・・・・・・・・少々
くず粉・・・・・・・・・・・小さじ1

作り方

1 れんこんはすりおろしてボウルに入れる。

2 かぼちゃは小さめのさいの目に切る。ひじきは洗って刻む。以上を**1**に加えて塩（分量外）で薄塩に調味し、蒸し茶わん2個に分けて入れる。

3 鍋にふきんを敷き、水を2cm高さまで入れて蒸し茶わんを並べ、火にかける。湯が沸いたら器に湯が入らないように火かげんをしながら、蓋をして10分蒸す。

4 小鍋にAを合わせて煮立て、湯葉をこまかく砕いて加え、ひと煮して湯葉をもどす。

5 くず粉を水大さじ1でときのばし、**4**に回し入れてとろみがつくまで煮、**3**にかける。

平湯葉なら、汁に使う場合はもどさなくても、ざっと砕いていきなり入れてよい。形がくずれても、問題がないので、むだなく使いたい。

湯葉

豆乳を加熱して表面にできる膜をすくいとったのが生湯葉。平湯葉（写真右）、巻き湯葉（写真中央）などがあり、新鮮なうちは生食できる。生湯葉を乾燥させた干し湯葉（写真左）は、水にもどして汁や煮物などに使う。いずれもタンパク質と脂質、鉄やカルシウムも豊富。大豆製品のなかで、生湯葉はとうふに次いで陰性が強いが、干し湯葉はやや中庸に近い。干し湯葉にもいろいろな形があるが、幅広い料理に気軽に使えるのは写真のような平湯葉。

いためて陽性パワーをゲット！

湯葉と水菜の しゃきしゃきいため

材料（4人分）

- 生湯葉 ……… 2枚（50 g）
- 水菜 ……… ½わ（100 g）
- しょうがの薄切り ……… 1枚
- 植物油 ……… 小さじ2
- しょうゆ ……… 小さじ2
- 塩 ……… 少々

作り方

1 湯葉は一口大に切る。水菜はざく切りにし、しょうがはせん切りにする。

2 フライパンに油を熱して湯葉としょうがを入れてさっといため、水菜を加えてひとまぜし、しょうゆと塩で調味する。

梅干しの陽性パワーを加えてバランスよく

生湯葉と大根の梅あえ

材料（4人分）

- 生湯葉 ……… 1枚（20～30 g）
- 三つ葉 ……… 少々
- 大根 ……… 200 g
- 梅干し ……… 1個

作り方

1 湯葉は食べやすく切る。三つ葉はざく切りにする。

2 大根は細く切り、ボウルに入れる。梅干しの果肉をちぎって大根にまぜ、大根がしんなりするまで4～5分おく。

3 大根を軽くもんで全体に味をなじませ、湯葉と三つ葉を加えてあえる。

青菜のみずみずしさで口当たりよく

こまごま野菜のおからあえ

材料（4人分）

おから・・・・・・・・・・・・・50 g
れんこん・・・・・・・・・・・・80 g
小松菜・・・・・・・・・・・・・100 g
だし・・・・・・・・・・・・・½カップ
しょうゆ・・・・・・・・・・・大さじ½
塩・・・・・・・・・・・・・・・・少々

作り方

1 おからは平底の鍋に広げて弱火でからいりにする。

2 れんこんは薄いいちょう形に切り、小松菜は1㎝長さに切る。

3 鍋にだしをあたためてしょうゆと塩で調味し、れんこんと小松菜を入れてしんなりするまで煮る。おからを加えて汁けがなくなるまで、まぜながら煮る。

おからは、フライパンなど底の広い鍋に入れて弱火にかけ、絶えずまぜながらいって水分を飛ばす。さらさらとした感触になればよい。耐熱皿に広げて電子レンジ（500W）で1分40秒加熱してもよい。

ひじきを加えて、失われたミネラルも補って

おからの五目煮

材料（4人分）

おから・・・・・・・・・・・・・100 g
ごぼう・・・・・・・・・・・・・60 g
にんじん・・・・・・・・・・・・40 g
ひじき・・・・・・・・・・・・・10 g
ごま油・・・・・・・・・・・・小さじ2
だし・・・・・・・・・・・・1¼カップ
しょうゆ・・・・・・・・・・・大さじ1
塩・・・・・・・・・・・・・・小さじ¼

作り方

1 ごぼうとにんじんは斜め薄切りにしてから細く切る。

2 ひじきは水で洗ってざるに上げ、やわらかくなったら刻む。

3 鍋におからを入れて弱火でからいりし、サラサラになったら一度とり出す。

4 あいた鍋にごま油を熱し、1とひじきを軽くいためる。だしとしょうゆ、塩を加えて野菜がやわらかくなるまで煮る。

5 おからを戻し入れ、煮汁を吸わせながら汁けがなくなるまでいり煮する。

おから

大豆をつぶして加熱し、しぼって豆乳にするときに残るしぼりかす。水溶性のビタミンやカルシウム、鉄などは少ないが、食物繊維の宝庫。水分をしっかりしぼる新製法のほうが、従来製法よりタンパク質も脂質も多く、うまみもある。

第4章

野菜と海草のおかず

穀物に添える副菜の主役は野菜と海草です。

野菜は、四季のめぐりに応じて、しゅんを迎える種類が異なります。本来のしゅんがわかりにくくなった昨今ですが、できるだけ本来のしゅんの野菜を選びましょう。しゅんの野菜を口にすることで、体のバランスを季節の変化に合わせることができます。

海草にもしゅんがありますが、私たちは古くから、日に当てて乾物として保存して利用してきました。そうした海草乾物は、海の栄養と陽性パワーの貯蔵庫です。

野菜にも乾物として利用できるものがあり、自然環境や体調が陰性にかたよったときのバランス修正に役立ちます。

海草のおかず

海草は古来、日本人のカルシウム源として欠かせない食材となってきました。現代にあっては、鉄や亜鉛、カリウムやマグネシウムなど、現代人に不足しがちなミネラルの宝庫であり、動脈硬化や高血圧を防ぐアルギン酸などの水溶性食物繊維も豊富です。

そうした成分の多くは海で育まれたものですが、収穫後、太陽光を浴びて陽性パワーをもらうことで、より中庸に近づきます。海から採取したままの生鮮品より、干した乾物を使うことをおすすめします。

ねりごまをマヨネーズがわりにして
陽性パワーを強化して

ひじきと じゃがいものサラダ

材料（2人分）

	ひじき（乾燥）	10ｇ
	じゃがいも	大1個
A	酢	大さじ1
A	植物油	大さじ1
A	ねりごま	大さじ1
A	塩	小さじ½
A	だし	大さじ½

作り方

1 ひじきはたっぷりの水で洗ってざるに上げ、食べやすい長さに切る。

2 じゃがいもは皮をむいて水からやわらかくゆで、竹串がすっと通るようになったらひじきを加えてひとまぜし、いっしょにざるに上げて水けをきる。

3 ボウルにAを合わせてなめらかにまぜ、ひじきとじゃがいもをあえる。

中庸の根菜と組み合わせた
マクロビオティックの基本のおかず

ひじきとれんこんのいり煮

材料（2人分）

- ひじき（乾燥）……15 g
- れんこん……100 g
- 植物油……小さじ2
- だし……大さじ1
- しょうゆ……大さじ½
- 塩、いり白ごま……各少々

作り方

1 ひじきは水で洗ってざるに上げ、食べやすく切る。

2 れんこんは薄いいちょう形に切る。

3 鍋に油を熱してひじきとれんこんを入れていため、だし、しょうゆ、塩で調味し、汁けがなくなるまでいり煮する。器に盛ってごまを振る。

ひじきは水で洗ってざるに上げてしばらくおくとしんなりしてくる。指先でやっとちぎれるくらいのかたさにもどすと、うまみも栄養も抜けすぎない。

ひじき

こんぶも養殖される昨今だが、ひじきはいまも天然採取だけで供給されている。茎から出た枝葉を集めた芽ひじき、茎だけを集めた長ひじきより、芽も茎も含めた普通のひじきが全体食にかなっている。採取後、産地でゆでて天日干しして保管し、出荷時にもどして再び蒸し煮にして乾燥した製品が多い。千葉県などの一部産地では、採取後、産地で蒸し煮して日干ししたまま出荷しており、それだけ栄養もうまみも豊富。

秋に向かって
パワーを蓄えたいときに

刻みこんぶとさつまいもの煮物

材料（2人分）

刻みこんぶ（乾燥）・・・・・・・10 g
さつまいも・・・・・・小1本（200 g）
薄口しょうゆ・・・・・・・・小さじ½
塩・・・・・・・・・・・・・・・小さじ¼

作り方

1 刻みこんぶはさっと洗い、たっぷりの水に1分浸してざるに上げる。
2 さつまいもは5～6㎜厚さのいちょう形に切る。
3 鍋にさつまいもを並べ、水1カップを加えて火にかけ、煮立ったら弱めの中火にしてさつまいもに火が通るまで煮る。
4 しょうゆと塩で調味し、刻みこんぶを加えて汁けがなくなるまで3～4分煮る。

芽かぶ

春から夏にかけて、わかめの根元にできる胞子葉。まるごと、あるいは刻んだ乾物が出回っている。カルシウム、鉄、ヨウ素など、いずれも、わかめの葉よりミネラルが多く、とくに水溶性食物繊維のアルギン酸が豊富。

茎わかめ

わかめの中央を走る「中肋」や茎を集めた製品。漬け物やつくだ煮に加工されて出回ることが多いが、塩蔵品も出回っている。葉のわかめにくらべて、カルシウムやマグネシウムが若干多い。

刻みこんぶ

干したこんぶを酢につけてやわらかくして重ね、細く刻んでからもう一度干した製品。大きなこんぶよりもどりも火の通りも早いので、手軽に使える。ただ、塩分が多いので、もどし汁はだしに使わないほうがよい。

からだの熱や水分の循環を促す効果を期待して

茎わかめともやしのしょうがいため

材料（2人分）

茎わかめ（塩蔵）……80g
大豆もやし……½袋
しょうがの薄切り……1枚
植物油……小さじ2
しょうゆ……大さじ1
塩……少々
焼きのり……½枚

作り方

1 茎わかめは水につけて塩抜きする。
2 もやしは洗って水けをきり、豆の皮があれば除く。しょうがはせん切りにする。
3 鍋に油を熱して茎わかめをいため、油が回って色が変わったら、しょうがともやしを加えていため合わせ、しょうゆと塩で調味する。
4 器に盛り、のりをちぎって散らす。

赤梅酢の陽性パワーも加えて
みずみずしく、さっぱりと

芽かぶと大根のサラダ

材料（2人分）

芽かぶ（もどして）……50g
大根……100g
レタス……適量
塩……小さじ⅓
赤梅酢……小さじ1

作り方

1 芽かぶは梅酢であえる。
2 大根はせん切りにし、塩を振ってしんなりするまでおき、水けをきつくしぼる。
3 レタスをちぎって器に敷き、大根を盛る。1の芽かぶをのせ、食卓でまぜて食べる。

memo

赤梅酢は梅干しを赤じそで漬けたときに出る漬け汁。市販品は甘みなどの添加物のないものを選ぶ。ポン酢大さじ1をかけてもよい。

農産乾物のおかず

野菜は近年、生食できる品種の改良や開発が進んでいますが、陰性に傾きがちな現代人にはむしろ、加熱調理のほうが好ましいといえます。同じ意味で、太陽を浴びて乾燥させた乾物もおすすめです。一般に手に入りやすいのは干し大根やきのこくらいですが、地域によっては、ぜんまい、ずいき、たけのこ、青菜などの乾物もあるでしょう。自家製の乾物に挑戦してみるのも楽しいでしょう。

乾物と根菜の天然の甘みの饗宴はしみじみおいしい

ごぼうと切り干し大根の煮物

材料（2人分）

切り干し大根	40 g
ごぼう	40 g
にんじん	50 g
油揚げ	½枚
植物油	小さじ1
塩	小さじ½
しょうゆ	小さじ½

作り方

1 切り干し大根は洗ってひたひたの水につけてもどし、水けをしぼって刻む。もどし汁は使うのでとっておく。

2 ごぼうとにんじんはそれぞれきんぴら用と同様に斜め細切りにする。油揚げは細切りにする。

3 鍋に油を熱してごぼうとにんじんをいため、しんなりしたら1のもどし汁1カップを注ぐ。切り干し大根と油揚げも加え、しょうゆと塩で調味し、汁けがなくなるまで中火で5～6分煮る。

切り干し大根はしわが伸びる程度にもどして水けをきつくしぼる。もどし汁は大根の甘みが出ているので、だしとして使う。

干し大根

「切り干し大根」の名で売られる細切り（写真右）が一般的だが、薄い輪切りにした花切り大根（写真左）、太く割って干した割り干し大根もある。漂白剤を使っていない製品を選ぶと、時間がたつにつれて褐変してくるが、いやなにおいがなければだいじょうぶ。ただし、夏を越すと酸化が進むので、製造年の翌夏前に使い切ること。

生食でも陽性パワー満点！
豆と緑黄色野菜を組み合わせて
栄養も満点に

切り干し大根とブロッコリーの酢の物

材料（4人分）

切り干し大根 ・・・・・・・・・・ 30g
ブロッコリー ・・・・・・・・・・ ½個
ゆで大豆（72ページ参照） ・ ¼カップ

A
- 酢 ・・・・・・・・・・ 大さじ1.5
- しょうゆ ・・・・・・ 大さじ1⅓
- 切り干し大根のもどし汁 ・・・・・・・・・・・・ 大さじ3

作り方

1 切り干し大根は洗って水につけてもどし、3～4㎝長さに切る。

2 ブロッコリーは小房に分けて熱湯でゆで、水けをきる。

3 ボウルにAを合わせ、切り干し大根とゆで大豆、ブロッコリーをあえる。

コリコリとした歯ごたえと
黒い陽性パワーがアクセント

きくらげと白菜のくず煮

材料（2人分）

きくらげ（乾燥）	5g
白菜	3枚（200g）
ねぎ	10cm
しょうがの薄切り	1枚
だし	1カップ
塩	小さじ⅕
しょうゆ	小さじ1
くず粉（またはかたくり粉）	小さじ1

作り方

1 きくらげは水につけてもどし、石づきを除いて一口大にちぎる。

2 白菜はざく切りにする。ねぎは斜め薄切りにし、しょうがはせん切りにする。

3 1と2を鍋に入れてだしを注ぎ、しょうゆと塩で調味し、煮立ったら蓋をずらしてかけ、弱めの中火で5～6分煮る。

4 くず粉を水大さじ1でといて回し入れ、とろみがつくまで煮る。

笠の中央に石づきがあるので、もどしたあと、指先でつみとるようにして除く。

きくらげ

中国料理の食材というイメージがあるが、日本にも広く自生している。市販品のほぼ100％は中国産だが、国内でも、秋田、山形、熊本、鹿児島県などで作られている。食物繊維のほか、カルシウムとその吸収を促すビタミンDが、干ししいたけの約25倍と豊富。機械乾燥品が多いので、使う前に日に当てるとビタミンDの前駆物質がふえる。

車麩とごまを組み合わせれば、肉料理がわりになるコクと食べごたえ

干ししいたけと車麩のごまクリーム煮

作り方

1 しいたけは水に浸してもどし、石づきを除いて縦半分に切る。

2 車麩もたっぷりの水につけてしっとりするまでもどし、両手にはさんで水けを押ししぼり、放射状に一口大に切る。

3 鍋にだしをあたためてしょうゆと塩で調味し、しいたけを入れて5〜6分煮る。車麩を加えてふっくらとするまで煮る。

4 くず粉を水大さじ½でといて流し、とろみがつくまで煮る。最後にねりごまを煮汁少々でときのばして入れ、ひと煮して全体になじませる。

材料（2人分）

干ししいたけ（だしがらでもよい）……3枚
車麩……2枚
だし（干ししいたけのもどし汁でもよい）……1カップ
しょうゆ……小さじ2
塩……少々
くず粉（またはかたくり粉）……小さじ½
ねり白ごま……大さじ1

干ししいたけ

笠が開いていないどんこ（写真左）が珍重されるが、笠が開いた香信のほうがもどりが早く、値段も安い。笠の開きかげんは、成長したときの気温や湿度のわずかな違いで決まるので、香りや栄養価は少しも変わらない。

野菜のおかず

野菜たっぷりの食事が
望ましいことは、
いまや常識でしょう。
野菜は総じて陰性ですが、
現代の食生活では、
生食できる葉菜や果菜など、
より陰性のものにかたよりがちです。
しゅんの野菜を選ぶことは、
季節感を楽しむだけでなく、
陰陽のバランスが自然にととのい、
体調管理に役立ちます。
また、一つの野菜を皮も根も葉もまるごと
食べることもたいせつです。
それぞれの季節の
代表的な野菜の食べ方を紹介しますが、
これらをお手本に
ほかの野菜もくふうして
食べ切ってください。

春夏

新野菜の甘みをじっくり引き出して

新じゃがいもとグリンピースのスープ煮

材料（2人分）

新じゃがいも	1個
グリンピース（生）	100 g
玉ねぎ	$\frac{1}{4}$個
塩	小さじ$\frac{1}{2}$
植物油	小さじ1

作り方

1 じゃがいもは皮をむいて4つに切る。玉ねぎはみじん切りにする。

2 鍋に油を熱して玉ねぎをいため、しんなりしたら水$\frac{3}{4}$カップを注ぐ。

3 煮立ったらじゃがいもとグリンピースを加え、弱めの中火で野菜がやわらかくなるまでじっくりと煮、塩で味をととのえる。

memo

グリンピースはさやから実を出すと水分が蒸発するので、時間とともにかたくなり、甘みも失われる。さやつきのものを求め、使う直前に実をとり出したい。

新野菜

春先には、秋にまいた野菜がはじめて実った「新野菜」が店頭に並びます。新じゃが、新玉ねぎ、新にんじんなど、どれもみずみずしく、やわらかく、生でもおいしく食べられますが、それだけ完熟のものより陰性に傾いています。加熱したり塩味をきつめにしたり、体調に応じて陽性パワーを加えてください。

皮つきだから、
みずみずしい甘みと香りがいっぱい

新玉ねぎと新にんじんのロースト

材料（2人分）

新玉ねぎ・・・・・・・・・・・・・1個
新にんじん・・・・・・・・・・・・1本
オリーブ油・・・・・・・・・・・・少々
塩・・・・・・・・・・・・・・・・少々

作り方

1 玉ねぎとにんじんはそれぞれ皮つきのまま洗い、水けをふいてオーブンの天板に並べる。

2 オーブンを200度にあたためて**1**の天板を入れ、40分～1時間焼く。金串を刺してすっと通ればよい。

3 器に盛って食べやすく切り、オリーブ油と塩を添えて食べる。

memo

玉ねぎの皮は焼いてから除いて食べる。新じゃがいもやたけのこも同じようにまるごと皮つきで焼くとおいしく食べられる。

キャベツ

キャベツは一年中ありますが、季節によって品種が異なります。春から夏に出回る春玉はやわらかい葉がゆるく巻いており、厚手の葉がかたく巻いている秋から冬に出回る寒玉にくらべて、やや陰性に傾いているといえます。したがって、体の熱をとりたい夏には、春玉を生で食べたいものの、春には加熱調理で、やや中庸寄りの一品にするとバランスがとれます。

くるみをベーコンに見立てて
コクと陽性パワーをプラス

キャベツのソテー・くるみソース

材料（2人分）

キャベツ	$\frac{1}{8}$個
くるみ	30 g
パセリのみじん切り	大さじ$\frac{1}{2}$
植物油	大さじ1$\frac{1}{3}$
塩	少々

作り方

1 キャベツは軸をつけたままくし形に切る。

2 くるみは薄切りにする。

3 フライパンに油小さじ1を熱し、キャベツを切り口を下にして入れる。軽く焼き色がついたら反対側の切り口を下にして同様に焼く。

4 塩を振り、水大さじ2を振って蓋をし、約3分蒸し焼きにする。キャベツがじゅうぶんにやわらかくなったら器にとり出す。

5 フライパンをきれいにして油大さじ1を熱し、くるみを入れてじっくりといため、香りが立ったら塩で調味してパセリを加え、4にかける。

香ばしい焼き色がついたらすぐに水を入れて蓋をし、蒸し焼きにして火を通す。

memo

キャベツの大きさによって、1枚のまま、あるいは4等分にして重ねるなど、巻き方はくふうして。

みずみずしさの引き立て役は
ごま油の香り

キャベツのアスパラ巻きサラダ

材料（2人分）

キャベツ……2枚
グリーンアスパラガス……4本
細ねぎ……4本
A ┌しょうゆ……大さじ1
　│酢……大さじ1
　└ごま油……小さじ1
塩……適量

作り方

1 キャベツとアスパラガスは塩を加えた熱湯でゆでる。

2 キャベツは半分に切って2枚重ね、端にアスパラガスを2本ずつ置いて巻き、一口大に切って器に盛る。

3 細ねぎは小口切りにしてAとまぜてたれを作り、食卓で**2**にかける。

春野菜の甘みを重ねれば、肉がなくても満足できる

キャベツと玉ねぎの重ね煮

材料（2人分）

キャベツ……4枚
玉ねぎ……⅓個
にんじん……⅓本
塩……少々
しょうゆ……大さじ½

作り方

1 キャベツはざく切りにする。玉ねぎは薄いくし形切りに、にんじんは細く切る。

2 小鍋ににんじん、玉ねぎ、キャベツの順に重ねて2〜3段に詰め、塩を軽く全体に振り、水大さじ3を注いで蓋をし、火にかける。煮立った音がしてきたら弱火にし、15分煮る。

3 全体がしんなりして火が通ったら最後にしょうゆを回しかける。

うぶ毛も多少のアクも気にならないおいしさ

うどの芽の天ぷら

材料（2人分）

うどの芽・・・・・・・・・・・1本分
地粉・・・・・・・・・・・・大さじ3
揚げ油・・・・・・・・・・・・・適量
塩・・・・・・・・・・・・・・・少々
すだち・・・・・・・・・・・・・1個

作り方

1 うどの芽は食べやすい長さに切り、地粉少々（分量外）をまぶす。

2 ボウルに地粉を入れて水大さじ3を加えてさっくりとまぜる。

3 揚げ油を中温に熱し、うどの芽を2の衣にくぐらせて入れ、からっとするまで揚げる。

4 油をしっかりときり、塩と半分に切ったすだちを添える。

うどをまるごと食べよう

うどはさわやかな香りで春の訪れを告げる代表的な春野菜です。栄養価は高くありませんが、香り成分には発汗・利尿作用があるとか。その香り成分が集中している皮や芽もじょうずに利用しましょう。

芽

日を当てて育てた山うどの芽はうぶ毛が多く、かたいが、軟白栽培のうどの芽はやわらかいので、まるごと食べられる。

先端の芽だけでなく、わき芽もやわらかく歯ざわりがよいので、むだなく使う。

皮

根元の皮は繊維がかたく、食べられないが、それ以外はすべて食べられる。うぶ毛が多いところは、皮をむく前にこすり落とす。

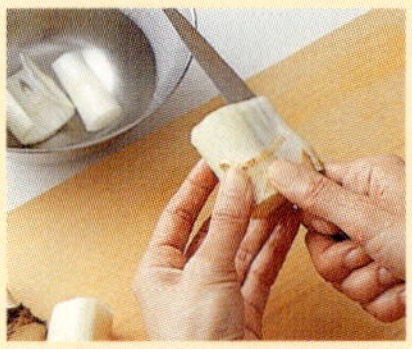

皮は包丁に筋が当たらなくなる部分まで厚めにむき、すぐに水にとってアクを抜く。

みずみずしい根茎は、
生食より、煮物にして陰陽のバランスよく

うどと厚揚げのさっと煮

材料（2人分）

うど	1本
厚揚げ	小1枚
だし	1カップ
しょうゆ	小さじ2
塩	少々

作り方

1 うどは皮をむいて乱切りにし、水にさらす。

2 厚揚げは熱湯を回しかけて油抜きし、7～8㎜厚さに切る。

3 だしをあたためてしょうゆと塩で調味し、うどと厚揚げを加えて4～5分、味がなじむまで煮る。

memo

厚揚げのかわりにがんもどきや油揚げを使うと、さらに中庸に近づく。

香り成分の宝庫を集めて香りの常備菜

うどの皮のきんぴら

材料（2人分）

うどの皮	150ｇ
植物油	小さじ1
薄口しょうゆ	小さじ2

作り方

1 うどの皮は表面をこそげてうぶ毛をとり、繊維に沿って縦に細く切る。

2 鍋に油を熱してうどの皮を入れていため、油が回ってつやが出たら薄口しょうゆで調味する。

memo

芽を皮つきのまま細く切っていっしょにいためてもよい。

かぼちゃ

かぼちゃは夏野菜ですが、水分が少なくデンプンが多く、果肉がだいだい色で、マクロビオティックでは中庸に近い野菜だと考えられています。保温作用もあるので、夏かぜや冷え予防におすすめです。

ほてりをしずめる酸味をきかせて
さっぱりと

かぼちゃのサラダ

材料（2人分）

かぼちゃ		150 g
玉ねぎのみじん切り		大さじ1
干しぶどう		大さじ1
A	酢	大さじ1
	植物油	大さじ1
	塩	小さじ½

作り方

1 かぼちゃは一口大に切って蒸し器に入れるか、鍋とボウルを使って写真の要領で蒸す。

2 玉ねぎはAと合わせ、ドレッシングを作る。

3 2にかぼちゃを入れてフォークの先で軽くつぶしながらまぜ、あら熱がとれたら干しぶどうをまぜる。

鍋に水を2～3㎝高さまで入れ、ボウルにかぼちゃを並べて入れ、蓋をして強火で蒸す。

陰性の強い枝豆もかぼちゃといっしょなら安心

かぼちゃと枝豆のうま煮

材料（2人分）

- かぼちゃ……150g
- 枝豆（さやから出して）……¼カップ
- だし……¾カップ
- 薄口しょうゆ……小さじ1
- 塩……少々
- かたくり粉……小さじ1

作り方

1 かぼちゃは一口大に切る。

2 枝豆はさやごとゆでて実を出す。

3 鍋にかぼちゃを並べてだしを加えて火にかけ、煮立ったら弱めの中火にして蓋をして煮る。

4 かぼちゃが八分どおりやわらかくなったらしょうゆと塩で調味し、ゆでた枝豆を加えてひと煮する。

5 かたくり粉を水大さじ1でといて4に流し、薄くとろみがつくまで煮て火を止める。

memo

冷え性の人は、松の実をくるみに変えて陽性パワーを強めてもいいでしょう。

夏向きナッツの松の実で香ばしさをプラスして

かぼちゃと松の実のソテー

材料（2人分）

- かぼちゃ……150g
- 松の実……10g
- 植物油……大さじ1
- 塩……少々

作り方

1 かぼちゃは6〜7㎜厚さに切る。

2 フライパンに油を熱してかぼちゃを重ねないように並べ、弱火でじっくりと焼いて焼き色がついたら裏返し、つまようじがすっと通るまで焼く。

3 あいているところに松の実を入れていため、香ばしくなったら塩を振って全体にからめながら焼きつける。

オリーブ油と黒酢の香りをからめて
陰陽のバランスよく

れんこんのムニエル・黒酢ソース

材料（2人分）

れんこん	1節（150g）
地粉	大さじ½
オリーブ油	小さじ2
塩	少々
黒酢	大さじ1.5
細ねぎ	少々

作り方

1 れんこんは5㎜厚さの輪切りにして粉をまぶす。

2 フライパンに油を熱してれんこんを入れてじっくりと両面を焼き、好みのかたさになったら塩を振り、器に盛る。

3 あいたフライパンに黒酢を入れてひと煮立ちさせ、れんこんの上からかける。ねぎを3㎝長さに刻んで散らす。

れんこんも皮つきのまま切り、水にさらさない。水にさらさないほうが抗酸化作用のあるタンニンが逃げない。空気にふれると黒ずむので、すぐに粉をまぶす。

memo

黒酢は薄めて甘みをつけたドリンク用ではなく、調味料として使えるものを選ぶこと。長期熟成させたバルサミコ酢でもよい。

れんこん

れんこんはビタミンCがデンプンとともに含まれていて加熱しても損失しにくく、冬のよいビタミン源となります。また、カリウムが多いので、その意味でも血圧が上がりやすい冬におすすめの食材です。タンニン、ムチンなどの抗酸化物質、食物繊維も多く、古くから薬用に用いられていたのもうなずけます。

しゅんの青菜も加えて
体があたたまる一品に

れんこんと小松菜のお焼き

材料（2人分）

れんこん	150ｇ
塩	少々
地粉	大さじ2
小松菜	50ｇ
植物油	小さじ2
ごま油	少々
すだち	½個

作り方

1 れんこんは100ｇをすりおろし、残りは7㎜角に刻み、ボウルに合わせる。塩と地粉を加えて粉けがなくなるまでよくまぜる。

2 小松菜を１㎝角に刻んで生のまま1に加え、まんべんなくまぜる。

3 フライパンに油を熱し、2をひとすくいずつ落として1.5㎝厚さくらいに丸く広げて焼く。両面に焼き色をつけたら水大さじ２を回し入れて蓋をし、汁けがなくなるまで中火で蒸し焼きにする。

4 押して弾力が出たら、フライパンの縁からごま油を回し入れ、蓋をせずに強めの火でパリッと焼き上げる。

5 器に盛ってすだちを２つに切って添える。

れんこんは３分の２はすりおろし、残りは刻んで粉とまぜると、歯ごたえが楽しめる。

大根をまるごと食べよう

まるごと食べる価値が実感できるのは、なんといっても大根。根はビタミンCや消化酵素を含み、東洋医学でも胃をじょうぶにし、せき止めや口内炎などによいとされています。ビタミンCも機能性成分も、皮に近い部分に多く含まれるので、皮はむかずに食べるほうが得策です。
一方、葉は根以上にビタミンとミネラルの宝庫。ほかのどんな青菜よりもビタミンAもカルシウムや鉄も多く含んでいます。ここでは葉も根もいっしょに食べるレシピを紹介しましたが、葉をもて余したら、ゆでていり煮にすると常備菜に重宝です。

葉 β－カロテン、ビタミンC、E、カルシウムと鉄も豊富。若葉はもみ漬けやぬかみそに。太く育った葉はゆでてじゃこといため煮に。

首元 甘みが強く、水分が少ないので、辛い大根おろしが苦手な人に。煮物にも向く。

中心 水分が最も多く、ビタミンCもカリウムも豊富。生食からいため物、煮物と、どんな調理法にも適している。

皮 根の中心より、皮に近い部分にビタミンCも消化酵素も多い。アク成分も多いが、皮つきのまま使うほうがアクが流出しにくく、すりおろしても風味がよい。皮を厚くむいて、うどのようにきんぴらにしたり、日干しにして漬け物にしてもおいしい。

先端 消化酵素も、抗炎症作用がある辛み成分も、先端に集中しているので、大根おろしに最適な部位。

まとめて作って
胃腸をととのえる常備菜に

大根の皮のしょうが漬け

材料（作りやすい量）
- 大根の皮……100ｇ
- しょうがのせん切り……小1かけ分（10ｇ）
- だしがらこんぶ（55ページ参照）……10ｇ
- 酢……大さじ1
- しょうゆ……大さじ½

作り方
1 大根の皮は4〜5㎜角くらいの棒状に切る。こんぶはせん切りにする。
2 ボウルに1としょうがを合わせて酢としょうゆを加え、ときどきまぜながら20分以上おいて味をなじませる。

memo 冷蔵庫で4〜5日はもつ。大根の皮を日に干してしんなりさせてから漬けると、甘みが増し、さらに日もちがよくなる。

甘味なしでもおいしいのは
皮つきだから

皮つき大根のきんぴら

材料（2人分）

大根	200ｇ
大根の葉	80ｇ
ごま油	小さじ2
しょうゆ	大さじ½
塩	小さじ⅓

作り方

1 大根は皮つきのまま、写真の要領で3㎜幅の細切りにする。

2 大根の葉は熱湯でさっとゆでて小口切りにする。

3 鍋にごま油を熱して大根をいため、つやが出たらしょうゆと塩で調味し、葉を加えて汁けがなくなるまでいりつける。

皮つきのまま3㎜厚さの輪切りにし、重ねて3㎜幅に細く切る。

揚げた香ばしさが甘みをひきたて、
体をあたためるおいしさ

大根の揚げだし

材料（2人分）

大根		8㎝
揚げ油		適量
大根おろし（皮つきで）		½カップ
大根の葉		少々
A	だし	½カップ
	しょうゆ	大さじ½
	塩	少々

作り方

1 大根は皮をむいて4枚の輪切りにし、中温の揚げ油でじっくりと揚げ、網に上げて油をきる。

2 大根おろしは皮つきのままおろし、水けを軽くきる。

3 葉は熱湯でさっとゆでて刻む。

4 Aを煮立てて揚げた大根を入れてひと煮する。大根おろしを加えてあたためる程度に煮、煮汁ごと器に盛って葉を散らす。

大根は、竹串がすっと通るまでじっくりと揚げる。

かぶをまるごと食べよう

かぶも、葉の栄養価が高く、ぜひまるごと食べたい野菜の一つです。
根と葉を別々の料理にするのが普通ですが、ここでは葉つきのまままるごと調理するメニューを紹介しましょう。葉をかぶといっしょに食べると、なぜか根の甘みがいっそう強く感じられます。

葉

大根葉に劣らず、ビタミンとミネラルが豊富。大根葉より繊維もアクも少ないので、青菜として十分食べられる。鮮度が落ちやすいので、早めに使うこと。

根

かぶも皮つきのまま調理できるが、意外に皮の下にある繊維層がかたいので、まるごと調理したい場合は、育ちすぎていないものを選ぶ。

陰陽の名コンビ、
しょうがじょうゆで
かぶの甘みをひき立てて

かぶのしょうが焼き

材料（2人分）

かぶ（葉つき）・・・・・・・・・・2個
植物油・・・・・・・・・・・・・小さじ2
A［しょうが汁・・・・・大さじ½
　 しょうゆ・・・・・・・・大さじ1

作り方

1 かぶは葉を切り離す。葉は熱湯でさっとゆで、水にとってしぼる。根は皮ごと1㎝厚さの輪切りにする。

2 フライパンに油を熱してかぶを入れて両面をきつね色に焼く。つまようじがすっと通るようになったらAを回し入れてからめる。

3 器に葉をぐるりと巻いて置き、焼いたかぶを焼き汁ごと盛る。

memo

かぶの葉は、長いままいためてから、食べやすく切って盛りつけてもよい。

手作りピーナッツみそを添えて
陽性パワーを強化

かぶの丸蒸し・鉄火みそ添え

材料（2人分）

かぶ（葉つき）……2個
ピーナッツ（素いり）……20ｇ
植物油……小さじ1
A［みそ……大さじ3
　 だし……大さじ1

作り方

1 かぶは葉のつけ根まできれいに洗い、葉つきのまま蒸気の立った蒸し器に入れ、10～15分蒸す。かぶのいちばん太いところに竹串がすっと通るようになれば蒸し上がり。

2 ピーナッツはあらく刻み、油で香ばしくいためる。Aを加えてねっとりするまでねる。

3 かぶは葉つきのまま縦半分に切り、器に盛って**2**の鉄火みそを添える。

memo

鉄火みそは日もちがするので、多めに作っても。蒸したりローストしたごぼうやれんこん、じゃがいもなどにもよく合う。

定番メニューも皮つき、葉つきで煮るとおいしさがちがう

かぶとがんもの煮物

材料（2人分）

かぶ（葉5～6㎝つき）……2個
がんもどき……小2個
しょうがの薄切り……1枚
だし……1カップ
しょうゆ……小さじ2
塩……小さじ½

作り方

1 かぶは葉のつけ根まできれいに洗い、葉つきのまま縦4つに切る。

2 がんもどきは熱湯を回しかけて4つに切る。しょうがはせん切りにする。

3 鍋にだしをあたためて、かぶとしょうがを入れて3分煮る。しょうゆと塩で調味してがんもどきを加え、かぶがやわらかくなるまでさらに2～3分、中火で煮る。

ごぼう

ごぼうはよく知られているように食物繊維の宝庫。便通をよくして腸内細菌叢のバランスをとり、生活習慣病やがんの予防になるといわれています。皮目に香りや甘み成分が集中しており、アク成分に抗酸化物質などの機能性成分が含まれています。皮をむかず、切ったあとも水にさらさずに使いましょう。加熱調理すれば、アクによる褐変は気になりません。

常備菜にしたい基本のおかず

ごぼうのきんぴら

材料（作りやすい分量）

ごぼう	1本（200ｇ）
にんじん	⅓本（60ｇ）
ごま油	小さじ2
しょうゆ	大さじ2
だし	大さじ2〜3
黒ごま	小さじ1

作り方

1 ごぼうは3〜4㎜厚さの斜め輪切りにしてから、縦に3〜4㎜幅に棒状に切る。にんじんも同様に切る。

2 鍋に油を熱してごぼうをいためる。中火でじっくりと甘みを引き出すようにいため、つやが出てきたらにんじんを加えていため合わせる。

3 しょうゆとだしを加え、汁けがなくなるまでじっくりといりつけ、最後にごまを散らす。

きんぴらは、厚さ3〜4㎜の斜め輪切りにしてから棒状に切る。こうすると両端が甘みを含んだ皮つきになり、陰陽のバランスがよい。また、太く切るほうが甘みを感じやすく、歯ごたえもよい。

ごぼうはじっくりといためていると、中から水分が出てきて、汗をかいたようにしっとりとしてつやが出てくる。甘みが出てきたしるしなので、にんじんを加える。

定番のおかずにしたい根菜と海草の中庸コンビ

ごぼうとひじきのじっくり煮

材料（2人分）

- ごぼう……120 g
- ひじき（乾燥）……10 g
- だし……1カップ
- しょうゆ……大さじ½
- 塩……少々

作り方

1 ごぼうは縦に2〜4つに切ってから、3〜4㎝長さに切る。

2 ひじきはたっぷりの水につけてもどし、ざるにとる。

3 鍋にだしをあたためてごぼうを入れ、弱めの中火でじっくりと煮る。やわらかくなったらしょうゆと塩を加え、ひじきを加えてさらに3〜4分、汁けがなくなるまでじっくりと煮る。

土の香りとごま酢の名コンビ

たたきごぼう

材料（2人分）

- ごぼう……150 g
- いり白ごま……大さじ2
- 酢……小さじ2
- しょうゆ……大さじ1⅓

作り方

1 ごぼうは鍋に入る長さに切り、鍋に入れて水をかぶるまで加えて火にかけ、やわらかくなるまでゆでる。

2 ごぼうをゆでている間に、ごまをすり鉢であらくすり、酢としょうゆをまぜる。

3 ごぼうの水けをきってまないたにのせ、びんかすりこ木でたたく。

4 ごぼうがあたたかいうちに**2**のごま酢をまぶして冷めるまでおき、一口大に切って盛る。

ごぼうは熱いうちにすりこ木などで繊維をほぐすようにして、割れ目が平均にできるまでたたく。

主菜にもなるボリュームと陽性パワーをプラスして

ほうれんそうと車麩のくず煮

材料（2人分）

ほうれんそう・・・・・・・・・150g
車麩・・・・・・・・・・・・・・・2枚
だし・・・・・・・・・・・・・1カップ
しょうゆ・・・・・・・・・・大さじ1
塩・・・・・・・・・・・・・・・・少々
くず粉（またはかたくり粉）・・小さじ1

作り方

1 ほうれんそうはゆでて4㎝長さに切る。

2 車麩は水に浸してもどし、水けをじゅうぶんに含んだら両手ではさんで水けをきつくしぼり、一口大に切る。

3 だしを煮立ててしょうゆと塩で調味し、ほうれんそうと麩を加えて麩が汁けを含んでふっくらとするまで2分ほど煮る。

4 くず粉を水大さじ1でとき、3が煮立っているところに回し入れ、とろみがつくまで煮る。

青菜

青菜の代表は小松菜とほうれんそうでしょう。一年中出回っていますが、しゅんは冬。ずんぐりと背丈が短く、茎が太く葉が丸いものが栄養もおいしさも充実しています。いずれも、ビタミンA、C、Eと抗酸化ビタミンがそろい、とくに小松菜はカルシウム、ほうれんそうは鉄の宝庫です。

切り干し大根の歯ごたえと陽性パワーを加えて

ほうれんそうと切り干し大根のごまあえ

材料（2人分）

ほうれんそう・・・・・・・・・150g
切り干し大根・・・・・・・・・20g
黒ごま・・・・・・・・・・・大さじ1
しょうゆ・・・・・・・・・・大さじ½
だし・・・・・・・・・・・・大さじ1

作り方

1 ほうれんそうはゆでて水にとってしぼる。しょうゆ大さじ½（分量外）を回しかけてしぼり、4㎝に切ってさらにしぼる。

2 切り干し大根は水につけてもどし、軽く水けをしぼって食べやすい長さに切る。

3 黒ごまは香ばしくいり、すり鉢ですってしょうゆとだしを加えてすりのばし、ほうれんそうと切り干し大根をあえる。

すがすがしい香りも陽性パワーが集まった根っこも丸ごとに

小松菜の根っこごとかき揚げ

材料（2人分）

小松菜（根つき）……100ｇ
地粉……大さじ4.5
揚げ油……適量
塩……少々

作り方

1 小松菜は根っこごとよく洗って4～5㎝長さに切り、ボウルに入れて地粉大さじ½をまぶす。

2 残りの粉大さじ4を別のボウルに入れて水大さじ4を加え、ねらないようにとく。

3 揚げ油を中温に熱し、小松菜を**2**の衣にくぐらせて入れ、カリッとするまで揚げる。

4 油をきって器に盛り、塩を添える。

冬の太った小松菜の根は太いので、茎の根もとに縦に包丁を入れ、根もいっしょに縦に割ってから4～5㎝長さに切る。

陰性のとうふを香ばしくいためてパワーアップ

小松菜のチャンプルー

材料（2人分）

小松菜……200ｇ
木綿豆腐……½丁（150ｇ）
ねぎ（白い部分）……10㎝
ごま油……大さじ½
しょうゆ……大さじ½
塩……少々

作り方

1 小松菜はざく切りにする。ねぎは斜め薄切りにする。

2 とうふはざるにのせて自然に水けをきる。

3 油を熱し、とうふを手で大きくくずして入れ、じっくりと焼きつける。ところどころ焼き色がついたら小松菜とねぎを加えて大きくあおりながらいためる。

4 小松菜につやが出たら塩を振り、しょうゆを鍋肌から回して香ばしくいためる。

白菜

栄養が少ないイメージがありますが、ビタミンCが多く、カリウム、カルシウム、鉄、亜鉛と、ミネラルが意外に多く、キャベツに近い性質を持っています。東洋医学では、「腸胃を通利し、胸中の煩を除き酒乾を解す」とされ、おなかの熱をとり、便秘の改善に効果があるとされています。

ゆっくりと煮て
体をしんから温めてくれる一品に

白菜と油揚げのうま煮

材料（2人分）

白菜	大2枚（250ｇ）
にんじん	30ｇ
油揚げ	½枚
だし	¾カップ
塩	小さじ½
くず粉（またはかたくり粉）	小さじ1
ごま油	少々

作り方

1 白菜は食べやすい大きさのざく切りにする。にんじんは棒状に切る。油揚げは熱湯を回しかけて油抜きをし、短冊形に切る。

2 鍋に白菜の軸の部分とにんじん、白菜の葉の順に重ね、だしを入れて火にかける。煮立ったら蓋をして弱火にし、6～7分煮る。

3 白菜がくたっとなったら塩で調味して油揚げを加え、油揚げが汁けを吸うまで2～3分煮る。

4 くず粉を水大さじ１でとき、**3**の鍋に回し入れ、薄くとろみをつける。最後にごま油で香りをつける。

白菜は４～５㎝角を目安に切る。幅の広い部分は縦半分に切る。葉と軸の部分を分けておく。

第5章

体質も考えて選べる季節の献立

自然界に生かされ生きている人も、「陰」と「陽」のエネルギーによって支配されていると、マクロビオティックでは考えます。たとえば、呼吸も、息を吸う「陽」と息を吐く「陰」という正反対の行為の繰り返しです。同じように、食べる「陽」と排泄の「陰」、活動の「陽」と休息の「陰」、肉体活動の「陽」と精神活動の「陰」など、生きるために行っている行為はどれも相反することの組み合わせです。細かくいえば、精神活動のなかでも、リラックスや沈静の「陰」に対して、緊張や興奮の「陽」があります。

時と場合に応じて、「陰」であったり「陽」になったりしながら、総合的にみるとどちらにも片寄らない、調和した「中庸《ちゅうよう》」という状態にあれば、人は快適で健康だといえます。

自然界の陰陽のバランスは季節によって変化します。また、一人の人のなかでも微妙に変化しています。そうした変化に応じてバランスをとるもっとも効果的な方法が食事です。

季節による陰陽の変化を知り、個々の体質や体調に応じてバランスをとって、中庸に近づける食べ方を、朝昼夕の献立で紹介します。

自分に合った食べ方を知るための陰陽の体質チェック

陰陽は1人の人間のなかで複雑にからみ合っています。
だれもが、生まれつき、あるいは長年の生活環境や食生活の影響で、どちらかに片寄りやすい体質を持っています。
もちろんそれは日々変化しますし、加齢による変化もあります。
そうした体質の片寄りを知って、「中庸」に近づけるような食事を心がけることが、マクロビオティックの最終的な目標です。

陰陽にもとづく体と気質の分類

それぞれの特性が「陰性」「中庸」「陽性」のどれにあたるかチェックしてみましょう。もっとも数が多い性質が、現在のあなたの体質だといえます。

「中庸」がもっとも多いようなら、あなたの心身は健やかで、食事の陰陽のバランスもととのっているといえます。本書の献立を参考に、季節ごとの陰陽の変化に応じて「中庸」を保つ食事を心がけてください。

「陰性」か「陽性」のどちらかが多い場合も、本書の献立を実行することで、だんだん体と心のバランスがとれてきて、「中庸」の体質へ近づきます。

「陰性」「陽性」どちらかが特に多く、体調が少し悪いという場合は、さらに積極的な食事の改善が必要です。その場合はまず、左ページに示した4つのタイプのどれに、自分が該当するかを見てください。

人体特徴・気質	陰性	中庸	陽性
顔の形	細長い	卵形	丸・四角
顔色	青白い	肌色	赤ら顔
目	丸い・大きい	普通	細い・小さい
まぶたの裏	白っぽい	薄いピンク	赤っぽい
唇の色	薄いピンク	ピンク	濃い赤
食欲	小食	普通	大食
大便の色	薄黄色	黄茶色	黒っぽい
便の量	多くゆるい	バナナ状	少なくかたい
尿の色	薄く赤っぽい	薄い茶褐色	濃い茶褐色
排尿	多い	1日3～4回	少ない
声の大きさ	小さい	力強い	大きすぎる
話すスピード	ゆっくり	普通	早口
行動のスピード	スロー	リズミカル	せっかち
行動パターン	消極的・思考型		積極的・活動型
気質	気が長い・陰気		気が短い・陽気
対人関係	恥ずかしがり	協調的	ずぶとい

陰陽体質の4タイプ

体質が「陰性」か「陽性」に傾いていて、体調が少し心配、という場合は、よりきめこまかな食事の改善をするために、次のような4つのタイプに分類して考えます。自分がこのうちのどのタイプにあたるかをみてみましょう。それぞれ食べ方のポイントは120ページに紹介しています。

健康な人にも、この4つのタイプは参考になります。マクロビオティックではこの4つのタイプは、四季の移り変わりと、加齢による体質の移り変わりにも対応すると考えるからです。

陰性の虚弱タイプ

やせ型で体力、気力が乏しく、消化器系が弱く、消化吸収力の弱い虚弱タイプ。多くの場合、食事にあまり興味がなく、食欲も希薄。たまに気まぐれで食べすぎると、消化不良を起こす心配があります。

●適応する季節＝冬

●適応する年代＝老年期

陰性の水太りタイプ

甘いお菓子や飲み物、果物など、極端に陰性の強い食品を好むために、水分と脂肪が過剰に蓄積して体がゆるんでふくれているタイプです。

行動がスローで非活動的、消極的で控えめな性格の人に多いタイプです。

●適応する季節＝春

●適応する年代＝青少年期

陽性のかた太りタイプ

陽性の強い肉も魚などの動物性食品も、甘いものや酒などの陰性食品も好み、暴飲暴食に走りがちな大食漢。バイタリティに富んだ性格で活動的ですが、持続力に乏しく、突然、脳梗塞や心筋梗塞で倒れるタイプです。

●適応する季節＝夏

●適応する年代＝幼児期

陽性の筋骨タイプ

筋肉質のスポーツマンや塩辛いものを好む菜食主義者などにも多いタイプ。見るからに頑強で健康そうですが、しなやかさに乏しく、考え方もかたく、肩こりや腰痛に悩まされがちです。

●適応する季節＝秋

●応する年代＝壮年期

陰陽体質のタイプ&四季の食べ方

陰陽体質の4つのタイプそれぞれの食べ方を献立の柱に沿って紹介します。体質や季節の陰陽バランスに対して、食事の陰陽バランスは、ちょうど逆に組み合わされることに注目してください。

中庸タイプの献立はマクロビオティックの食べ方の基本です。4つのタイプの食べ方は、陰性または陽性に片寄りすぎて不調を感じる場合に、中庸に近づくための改善を目的としたものです。

したがって、体調に問題がない人は、中庸タイプの食べ方をベースにします。それぞれの季節には、対応する4つのタイプの食べ方を参考に、体調の変化をみながら、陰陽のバランスをかげんしていくとよいでしょう。

なお、中庸タイプの人の季節ごとの食べ方は、122ページから紹介する季節ごとの献立例にくわしく紹介してあります。

陽性

陰性

陽性の筋骨タイプ 秋	陽性のかた太りタイプ 夏
主食とおかずのバランスは中庸タイプと同じでよいが、水分を含んだやわらかいものをとるようにする。動物性食品、白米、白砂糖は極力避けること。	主食を食事全体の50％未満にし、50％以上は野菜を中心としたおかずとする。果物もすいかやメロンなど、適宜にとってよく、果汁や野菜スープ、はと麦茶などで水分を十分にとる。
玄米がゆ、もち、うどんなどをとり入れる。玄米ごはんは圧力鍋を使わずに、水けを多めにしてやわらかく炊く。	玄米ごはんは圧力鍋を使わない。玄米がゆ、めん類、天然酵母パンなどもよい。
混合だしに、みそは、麦と豆を合わせる。	混合だしに麦みそを使う。具は自由。
薄塩であっさりと煮たあたたかい野菜料理を中心にとる。大根、かぶ、白菜、れんこんなど、白い野菜も積極的にとる。とうふも加熱してあたたかく調理する。 	トマトやきゅうりなどの生食できる野菜、そら豆、もやし、なす、ピーマンなどの夏野菜、じゃがいも、長いもなど、陰性寄りのいももとり入れる。 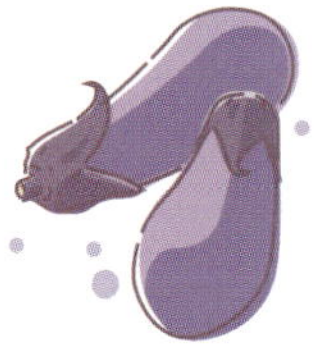
ごま塩はごま8：塩2でよいが、全体に塩味は控えめにする。	ごま塩はごま9：塩1の割合の薄塩のものを使い、塩分、油とも控えめにしてあっさり味に。サラダや酢の物など、酢も積極的に使う。
やわらかく火を通したあたたかい料理がよいが、圧力をかけず、加熱時間を長くしない。揚げ物もよい。	野菜は大きめに切り、生食のほか、おひたし、野菜いためなど、短時間加熱の料理を選ぶ。

体質と季節の陰陽バランス	陰性 ←		中庸
食べ方の陰陽バランス	陽性 ←		中庸
	陰性の虚弱タイプ 冬	陰性の水太りタイプ 春	中庸タイプ
ポイント	食事の60％以上を主食とし、おかずを少なく、飲み物も少なめに。あたたかく消化のよい料理に塩分を十分に添えて食べる。夏野菜と果物は避ける。	主食を60％と多めにとり、おかずを少なめにする。ごま塩や常備菜などで塩分をしっかりとる。甘い菓子や飲み物、果物など、陰性の強い食品は避ける。	食事の40～60％は玄米を中心とした主食とし、20～30％は野菜やいも、5～10％は豆や大豆加工品、海草とし、汁物やおかずでとる。果物やナッツはたまの楽しみに、ときどきとる。
主食	圧力鍋で炊く玄米ごはん。きびやあわ入りでもよい。玄米もち、そばがき、あたたかいそばなどがよい。	圧力鍋で炊いた玄米ごはんを中心に、雑穀も加える。	玄米ごはんを中心に、玄米がゆ、雑穀、めん、天然酵母パンなどを好みで組み合わせる。
みそ汁	こんぶだしに豆みそを使う。	こんぶだしに、みそは麦と豆を合わせる。	こんぶだしに、みそは麦と豆を合わせる。
おかず	少なくてよいが、野菜はれんこん、にんじん、ごぼう、大根などの根菜を中心とし、海草や切り干し大根、干し湯葉、焼き麩、凍り豆腐などの乾物を積極的に使う。 	青菜類、根菜、いも、豆などを、加熱が必要な食材を中心に食べる。こんぶやひじきなどの海草、乾物も積極的にとる。 	季節ごとのいろいろな種類の野菜、豆類、麩、大豆製品、海草、乾物などをバランスよく組み合わせる。
調味料	ごま塩はごま7：塩3とし、鉄火みそ、ねぎみそ、こんぶのつくだ煮、たくあん、梅干しなどを活用する。	ごま塩はごま7：塩3の割合とし、塩分を多めにとる。鉄火みそ、きんぴら、ひじきとれんこんのいり煮などの常備菜、梅干しやたくあんなどの漬け物もとり入れる。	ごま塩はごまと塩を8：2で合わせる。そのほかの調味料は好みで添える。
調理法	野菜は小さく切って、加熱時間を長くし、やわらかくあたたかい料理にする。	加熱時間の長い、あたたかい料理がよい。	野菜の切り方、加熱時間はいずれも特に変化をつける必要はない。

季節の献立

陰陽のルールに沿ってバランスよく食べるには、
朝、昼、夕の1日の体のリズム、
さらに季節の移り変わりに伴う
食べ物や体の変化も考える必要があります。
そのポイントを
1年を八季に分けた朝・昼・夕の献立で
紹介しましょう。
中庸タイプを中心に、
軽い陰性、陽性の体質まで使えます。
陰性の強い人のために、
アレンジメニューを提案した料理もあるので
参考にしてください。

早春

春は、寒い冬の間にため込んだ脂肪や老廃物を排泄する季節です。昔から「春は苦味」と言われるように、春先の苦味の強い野草や山菜、野菜などは新陳代謝を促してくれます。現代栄養学でも、植物の若芽には体を活性化する成分が豊富だとされています。ただ、まだ寒さが残る季節。陽性寄りの海草やごま、みそも合わせてとるようにします。

早春の朝ごはん＊

献立

赤米入り玄米おにぎり・ごま塩と古漬けたくあん添え
せりと油揚げのみそ汁
菜の花の塩こんぶあえ

1日のスタートでエネルギーを蓄えたい朝食は陽性に傾けます。玄米ごはんに赤米を炊き込み、ごま塩とたくあんを添えます。おかずの主役は、早春の香りいっぱいのせりと菜の花。陰性寄りの野菜なので、みそや塩で陽性エネルギーを加えます。

赤米入り玄米おにぎり・ごま塩と古漬けたくあん添え

材料（作りやすい分量）

玄米	2カップ
赤米	大さじ4
古漬けたくあん	4切れ
ごま塩（22ページ参照）	適量

作り方

1 玄米と赤米は洗って水3カップにつけて5時間以上おき、塩一つまみ（分量外）を加えて普通に炊く。

2 炊き上がったらおむすびに握り、ごま塩を振って器に盛り、食べやすく切った古漬けたくあんを添える。

せりと油揚げのみそ汁

材料（2人分）

せり	30g
油揚げ	½枚
だし（54ページ参照）	1¾カップ
みそ（豆みそ＋麦みそ）	20g

作り方

1 せりはざく切りにする。油揚げは湯をかけて油抜きをして短冊に切る。

2 だしで1をさっと煮、みそをとき入れて煮立つ直前に火を止める。

菜の花の塩こんぶあえ

材料（2人分）

菜の花	½わ
塩こんぶ	8g
塩	適量

作り方

1 菜の花はかたい根元を落とし、長さを半分に切って塩少々を加えた熱湯でさっとゆでる。

2 水にはとらず、ざるなどに広げてうちわであおいで冷まし、あら熱がとれたら塩こんぶとあえる。

memo

塩こんぶはアミノ酸調味料などを使っていない無添加の製品を選ぶ。前夜のうちに作っておいても味がなじんでおいしく、冷蔵庫で2日はもつので多めに作っても。

早春の昼ごはん

マクロビオティックでは、朝夕は玄米を主食にしっかりと食べ、昼はめんや粉製品などで軽くとるのが基本です。
ただ、まだまだ寒い早春です。春野菜たっぷりのパスタとスープで昼食をとり、おやつに、あわとごまで作った彼岸のぼたもちをとり、陽性パワーとエネルギーを補います。

献立
レンズ豆と春にんじんのパスタ
キャベツと新玉ねぎのスープ

おやつ
もちあわ入りごまぼたもち

もちあわ入り ごまぼたもち

材料（4〜6個分）

もちあわ	100 g
玄米ごはん（20ページ参照）	100 g
干しぶどう	10 g
りんごジュース	大さじ2
すり黒ごま	大さじ2

作り方

1 もちあわはざっと洗って水けをきり、鍋に入れる。

2 干しぶどうはあらく刻み、1に加えて水$\frac{3}{4}$カップを注いで火にかける。煮立ったら蓋をしてごく弱火にし、10分煮る。

3 水がひいてぽってりとやわらかくなったらすぐにりんごジュースを加え、蓋をして5分ほど蒸らす。

4 ボウルに3をあけて玄米ごはんを加え、すりこ木の先で軽く突くようにしてつぶしながらまぜ合わせる。ねっとりとしたら4〜6等分にしてそれぞれ俵形に丸め、ごまをまぶす。

5 器に盛って好みでてんさい糖少々をふる。

キャベツと新玉ねぎのスープ

材料（2人分）

キャベツ	100 g
新玉ねぎ	50 g
レンズ豆とにんじんのゆで汁	適量
塩	適量

作り方

1 キャベツは細く切り、玉ねぎは薄切りにする。

2 鍋に1を入れ、パスタの作り方2のゆで汁に水を加えて2.5カップにして注ぎ、塩をひとつまみ入れて火にかける。

3 煮立ったら蓋をして弱火にし、約7分、くたくたになるまで煮、塩で調味する。

memo

スープは時間的にレンズ豆とにんじんのゆで汁を使うことができないときは、だしと水を半々に合わせて使う。

レンズ豆と 春にんじんの パスタ

材料（2人分）

全粒粉スパゲッティ	200 g
レンズ豆（乾燥）	70 g
にんじん	大$\frac{1}{2}$本
にんじんの葉	少々
オリーブ油	大さじ1
塩	適量

作り方

1 鍋にレンズ豆を入れ、水をかぶるまで入れて10分ほど浸して軽くもどし、火にかける。煮立ったら弱火にしてやや歯ごたえが残るくらいまで約20分ゆでる。

2 にんじんは薄いいちょう形に、にんじんの葉はざく切りにする。以上を、1のレンズ豆を20分ゆでたところに加えてさらに1分ほどゆでる。

3 スパゲッティは塩少々を加えた熱湯で指定の時間までゆで、水けをきってボウルに移す。ここに2のゆで汁大さじ2を加え、水けをきったレンズ豆とにんじん、にんじんの葉も加える。オリーブ油をからめ味をみて塩少々で調味する。

早春の夕ごはん＊

献立
ひじきの炊き込みごはん
小松菜と麩のみそ汁
たらの芽と新玉ねぎのかき揚げ
ふきと油揚げの煮物

ひじきの炊き込みごはん

材料（炊きやすい分量）

- 玄米・・・・・・・・・・・2カップ
- ひじき・・・・・・・・・・・・15 g
- いり白ごま・・・・・・・・・・適量
- しょうゆ・・・・・・・・・・小さじ½
- 塩・・・・・・・・・・・・・小さじ½

作り方

1 玄米は洗って1.4倍の水（2¾カップ強）に5時間以上浸す。

2 ひじきは水で洗って刻み、炊く直前に**1**に加え、塩としょうゆを加えて普通に炊く。

3 炊き上がったらごまを加えてさっくりとまぜる。

小松菜と麩のみそ汁

材料（2人分）

- 小松菜・・・・・・・・・・・・50 g
- 切り麩・・・・・・・・・・・小6個
- だし・・・・・・・・・・1¾カップ
- みそ（麦みそ十豆みそ）・・・20 g

作り方

1 小松菜は小さく刻む。

2 だしを煮立てて小松菜を入れてさっと煮、みそをとき入れ、麩を浮かべて煮立つ直前に火を止める。

たらの芽と新玉ねぎのかき揚げ

材料（2人分）

- たらの芽・・・・・・・・・4〜5本
- 玉ねぎ・・・・・・・・・・・・¼個
- 全粒粉・・・・・・・・・大さじ1.5
- 塩・・・・・・・・・・・・・・適量
- 植物油・・・・・・・・・・・・適量

作り方

1 たらの芽は根元を少し落として縦半分に切る。玉ねぎは横に1㎝幅くらいの輪切りにする。

2 ボウルに**1**を合わせ、全粒粉を振り入れてまぶし、水大さじ1.5を回しかけ、粉がとろとろになって全体にからむまでまぜる。

3 小鍋かフライパンに油を深さ1㎝ほど入れて熱し、**2**をスプーンなどですくい落とし、箸で軽く押さえてまとめ、両面をカリッとするまで揚げる。

4 油をきって器に盛り、塩を添える。

memo

粉は全体がまとまるぎりぎりの量なので、材料の切り方などによって足りないときは、大さじ½ほど足して、水もその分加える。

ふきと油揚げの煮物

材料（2人分）

- 野ぶき・・・・・・・・・・・・80 g
- 油揚げ・・・・・・・・・・・・½枚
- だし・・・・・・・・・・½カップ
- しょうゆ・・・・・・・・・小さじ1
- 塩・・・・・・・・・・・・・・少々

作り方

1 野ぶきは塩少々を振ってまないたの上で転がして板ずりをし、熱湯に入れてしんなりするまで2分ほどゆで、水にとって皮をむく。

2 **1**を3〜4㎝長さに切る。

3 油揚げはふきのゆで汁にさっと通して油抜きをし、太めの短冊切りにする。

4 鍋にだしとしょうゆを煮立て、ふきと油揚げを入れ、鍋を傾けて煮汁が全体に回るようにしながら、3分ほど煮る。

memo

市販のふきは栽培された水ぶき。できれば山菜として出回る野ぶきを使いたい。とりたての新鮮なものなら皮をむかずに煮てもやわらかくおいしい。

夕食は、心と体をなごませるよう、
また、1日働いてたまった疲労物質を
代謝させるよう、
やや陰性の組み合わせにします。
主食はめん類や雑穀、海草なども
使って軽めにし、
タンパク源の大豆や大豆製品を
多めに使ったおかずを添えます。
腎臓の機能がフル回転するよう、
薄塩で野菜たっぷりに仕立てた汁物も添えて。

晩春

葉桜の季節になると日ざしが一日一日と強くなっていきます。そんな気候の変化に合わせて、食事は少しずつ陰性色を強めていきましょう。玄米ごはんに麦をまぜて軽くしたり、サラダやあえ物などの陰性メニューも食卓にのせてよいでしょう。ただ、陰性タイプの人は陰性メニューは控え、アレンジメニューに変えてください。

晩春の朝ごはん＊

献立
五穀入り玄米ごはん
かぶのみそ汁
新ごぼうとくるみの鉄火みそ
大根の梅あえ

朝は陽性の食事にしたいので、主食は玄米に雑穀をまぜます。おかずも、野菜のなかでは陽性パワーの強い根菜と切り干し大根を選び、みそをねって陽性パワーを強めた鉄火みそに仕立てます。献立のなかで唯一、陰性寄りなのが大根の梅あえです。梅干しが陽性なので、やや陰性寄り程度ですが、陰性タイプの人は大根をいためて、陽性寄りにアレンジします。

大根の梅あえ

材料（2人分）

大根 ・・・・・・・・・・・・100 g
梅干し ・・・・・・・・・・・・1個

作り方

1 大根は薄いいちょう形に切り、ボウルに入れる。

2 梅干しは種から果肉をちぎって**1**に加えてあえ、しんなりするまで5分ほどおく。

memo
梅干しは塩だけで漬けた製品を選びたい。一般的な市販品は、アミノ酸調味料や甘味料など多くの添加物が入っているので注意する。

陰性タイプのアレンジメニュー

大根をいためて中庸メニューに
いため大根の梅あえ

2人分で、大根100 gは厚めのいちょう形に切り、ごま油小さじ2で焼き色がついてしんなりするまで両面を焼く。梅干し1個の果肉をちぎって入れ、さっといためて添える。

新ごぼうとくるみの鉄火みそ

材料（作りやすい分量）

切り干し大根 ・・・・・・・・・15 g
新ごぼう ・・・・・・・・・・100 g
にんじん ・・・・・・・・・・・40 g
くるみ（製菓用）・・・・・・・30 g
みそ（麦みそ＋豆みそ）・・・150 g
植物油 ・・・・・・・・・・大さじ2

作り方

1 切り干し大根はもみ洗いして水けをしぼり、あらみじんに切る。

2 ごぼうとにんじんもあらみじんに切る。

3 くるみは野菜より大きめに割る。

4 鍋に油を熱してごぼうをいため、香りが立ったら切り干し大根とにんじんを加えていため合わせる。野菜がしんなりしたらくるみを加えてざっといため、みそを加える。焦げないように火かげんに注意しながらいため、全体に油がなじみつやが出て、みその香ばしい香りが立つまでいる。

memo
冷蔵庫で1週間はもつので、多めに作って常備菜に。1食分の適量は1人分小さじ1杯くらい。

五穀入り玄米ごはん

材料（作りやすい分量）

玄米 ・・・・・・・・・・・2カップ
五穀米ミックス（市販品）・大さじ4
塩 ・・・・・・・・・・・・・・適量

作り方

1 玄米は洗って五穀米ミックスを加え、水3カップに5時間以上浸す。

2 塩を加えて普通に炊く。

memo
気温が高いときは、玄米だけを水につけて、水をとりかえてから五穀米ミックスを加えて炊くこと。

かぶのみそ汁

材料（2人分）

かぶ（茎3cmをつけたもの）・・1個
ねぎ ・・・・・・・・・・・・・5cm
だし ・・・・・・・・・1 ¾カップ
麦みそ ・・・・・・・・・・・20 g

作り方

1 かぶは茎を切り離し、4～5mm厚さのいちょう形に切る。ねぎは小口切りにする。

2 鍋にだしを入れてかぶとかぶの茎を加えてやわらかくなるまで煮る。

3 みそをとき入れ、ねぎを散らして火を止める。

晩春の昼ごはん＊

献立
ブロッコリーとかぼちゃの玄米おやき
豆苗ののりあえ
三年番茶

玄米ごはんと野菜を、
全粒粉でつないだおやきです。
かぼちゃと玉ねぎでほんのり甘く、
表面は香ばしく、
中はもっちりとした口当たりで、
玄米ごはんが苦手な人にも喜ばれます。
玄米ごはんのお冷やの
活用法としてもおすすめです。

ブロッコリーとかぼちゃの玄米おやき

材料（2人分）

玄米ごはん	200 g
ブロッコリー	80 g
かぼちゃ	100 g
玉ねぎ	1/3個（50 g）
全粒粉	大さじ2
塩	少々
植物油	適量
紅しょうが（無着色）	適量

作り方

1 ブロッコリーは小房に分ける。かぼちゃは一口大に切る。玉ねぎは縦にくし形に切る。

2 フライパンに1を入れて水1/4カップを回しかけ、火にかける。煮立ったら蓋をし、弱火で10分ほど蒸し焼きにする。野菜がやわらかくなったら蓋をとり、全体に軽く塩を振って余分な水分をとばす。

3 玄米ごはんをボウルに入れて全粒粉と水大さじ2を加え、野菜を加えてフォークの先などで軽くつぶしながらまぜる。

4 フライパンに油をなじませ、3を一度に入れて表面を平らにならす。弱火でじっくりと焼き、縁が乾いてきたら裏返して反対側もじっくりと焼く。竹ぐしなどを刺して何もつかなければ火が通っている。

5 食べやすく切って器に盛り、紅しょうがを添える。

豆苗ののりあえ

材料（2人分）

豆苗	150 g
焼きのり	1枚
しょうゆ	大さじ1/2

作り方

1 豆苗は熱湯でさっとゆで、水にとってしぼる。

2 のりはこまかくちぎってもみのりにし、しょうゆをまぜて豆苗をあえる。

memo

豆苗がなければ、つまみ菜、クレソンなどでもよい。

マクロクッキングメモ

フライパンはできれば鉄製を

最近はフライパンといえばフッ素樹脂加工製品があたりまえになっています。でも、フッ素樹脂は高機能プラスチック。耐熱性、耐酸性などがいかに高くても、石油化学製品です。マクロビオティックでは調理器具も、できるだけ自然界にある資源を利用した物質でできたものをよしとします。となると、フライパンは鉄製がいちばん。長時間焼いても、揚げ物をしても安心なうえ、鉄分の補給にも役立ちます。

晩春の夕ごはん＊

献立

押し麦入りごはん
もやしのみそ汁
たけのこと厚揚げの煮物
キャベツとわかめのしょうが酢あえ

主食には大麦、みそ汁にはもやしを入れて陰性に傾けます。しゅんのたけのこも陰性の野菜。そこに大豆製品のなかでは陽性の厚揚げを組み合わせてバランスのよい一品に仕立てます。もう一品のおかずはキャベツを生のまま塩でもんだ陰性メニュー。陰性のタイプの人にはキャベツをゆでて中庸に仕立てます。

押し麦入りごはん

材料（2人分）

玄米 ・・・・・・・・・・・ 2カップ
押し麦 ・・・・・・・・・・ 大さじ2
塩 ・・・・・・・・・・・・・・ 少々

作り方

1 玄米は洗って、3カップの水に5時間以上浸す。

2 押し麦と塩を加えて普通に炊く。

もやしのみそ汁

材料（2人分）

もやし ・・・・・・・・・・・ 100 g
万能ねぎ ・・・・・・・・・・ 4本
だし ・・・・・・・・・ 1¾カップ
みそ（麦みそ＋豆みそ） ・・・ 20 g

作り方

1 だしでもやしを煮てみそをとき入れる。

2 ねぎを小口切りにして散らし、火を止める。

たけのこと厚揚げの煮物

材料（2人分）

ゆでたけのこ ・・・ 小1本（150 g）
厚揚げ ・・・・・・・・・・・・ 1枚
だし ・・・・・・・・・・ 1カップ
しょうゆ ・・・・・・・・・ 大さじ1
塩 ・・・・・・・・・・・・・・・ 少々

作り方

1 たけのこは食べやすく切る。厚揚げは一口大の乱切りにする。

2 だしを煮立ててしょうゆと塩で調味し、たけのこと厚揚げを入れ、煮立ったら火を弱めて7～8分、味がなじむまで煮る。

キャベツとわかめのしょうが酢あえ

材料（2人分）

キャベツ ・・・・・・・・・・ 100 g
乾燥わかめ ・・・・・・・・ 小さじ½
しょうがの薄切り ・・・・・・・ 1枚
塩 ・・・・・・・・・・・・・ 小さじ⅕
酢 ・・・・・・・・・・・・・ 小さじ1

作り方

1 キャベツはざく切りにして塩を振り、全体に軽くもむ。

2 しょうがはせん切りにし、**1**に加える。乾燥わかめはもどさずに（長ければ短く折って）加え、しんなりするまで7～8分おく。

3 全体に軽くまぜて味をなじませ、酢を回しかける。

陰性タイプのアレンジメニュー

キャベツをゆでて陽性に

ゆでキャベツとわかめのしょうがじょうゆあえ

2人分でキャベツ100 gはざく切りにしてゆで、乾燥わかめひとつまみをまぜる。おろししょうが小さじ1としょうゆ大さじ½であえる。

梅雨

店頭には夏野菜が山積みですが、梅雨は本来は野菜の端境期です。蒸し暑くて汗をかいたかと思うと、急に気温が下がって体が冷えやすい季節です。陽性の季節とはいっても、陰性の強い夏野菜のとりすぎは冷えのもとです。おすすめは太陽熱で干した陽性の乾物。梅干しやしその実、しょうがなどの食欲増進食品も活用しましょう。

梅雨の朝ごはん＊

献立
- 金時豆と切り干し大根の梅サラダごはん
- 玉ねぎとわかめのみそ汁
- きゅうりのぬか漬け

梅雨どきは朝から体が重く、食欲もあまりわかないもの。そんな朝のおすすめは、切り干し大根と梅干しの陽性コンビです。陰性寄りの豆とぬか漬けを添えてバランスをとりますが、陰性タイプの人はみそ漬けにして、さらに陽性寄りにします。

金時豆と切り干し大根の梅サラダごはん

材料（2人分）

玄米ごはん	300 g
ゆで金時豆	150 g
切り干し大根	30 g
梅干し	1個
パセリのみじん切り	少々
オリーブ油	大さじ1
塩	少々

作り方

1 切り干し大根は水の中でさっともみ洗いして水けをしぼり、3〜4㎝長さに切る。

2 梅干しはこまかくちぎって大きなボウルに入れ、オリーブ油を加えてざっとまぜる。ここに温かい玄米ごはん、切り干し大根、金時豆を加えて大きくまぜ合わせ、味をみて塩でととのえる。

3 器に盛り、パセリを散らす。

玉ねぎとわかめのみそ汁

材料（2人分）

玉ねぎ	$\frac{1}{3}$個
乾燥わかめ	小さじ1
だし	$1\frac{3}{4}$カップ
みそ（豆みそ＋麦みそ）	20 g

作り方

1 玉ねぎは縦半分に切って、縦に1㎝幅のくし形切りにする。

2 鍋にだしと玉ねぎを入れて火にかけ、透き通るまで煮る。みそをとき入れ、わかめを加えて火を止める。

きゅうりのぬか漬け

分量は好みでよい。きゅうりのほか、キャベツやセロリなどでも。

陰性タイプのアレンジメニュー

陽性の強い

みそ漬けに

大根、なす、きゅうり、にんじんなど好みで。市販品は、保存料や着色料、香料などの添加物のないものを選ぶ。

梅雨の昼ごはん＊

献立
そら豆のチャンプルーサンド
かんぴょうとにんじんのピクルス
三年番茶

皮に利尿作用があって
むくみをとるとされるそら豆を、
皮つきのままじっくりといためて
陰性の食材のとうふと組み合わせます。
ピクルスのさっぱりとした酸味が
食欲をそそり、蒸し暑い梅雨どきの
昼食にぴったりです。
陰性タイプの人は、
かんぴょうをごまあえにして、
もう少し中庸に近づけます。

そら豆のチャンプルーサンド

材料（2人分）

全粒粉パン	4枚
そら豆	皮つきで100 g
玉ねぎ	⅙個
木綿豆腐	½丁（150 g）
オリーブ油	大さじ1
しょうゆ	大さじ1
塩	少々

作り方

1 そら豆は食べやすいよう、皮に浅く切り目を入れる。玉ねぎは5㎜角に切る。

2 とうふは手で大きくくずし、ざるにのせておく。

3 フライパンに油を熱してそら豆を入れて弱火でじっくりといためる。皮がじゅうぶんにやわらかくなったら塩を振る。

4 **3**にとうふと玉ねぎを加えて、中火にして大きくいため合わせる。とうふから出た水けがなくなるまでいため、しょうゆを回しかけて香ばしくいためて火を止める。

5 パンはかたければ軽くトーストし、オリーブ油を少し（分量外）塗って**4**をのせる。

かんぴょうとにんじんのピクルス

材料（作りやすい分量）

かんぴょう	30 g
にんじん	40 g
塩	小さじ⅕

漬け汁

酢	大さじ3
りんごジュース	大さじ1.5
塩	小さじ⅕
だし（または水）	大さじ1.5

作り方

1 かんぴょうはざっと洗って塩少々（分量外）を振って軽くもみ、水で塩を洗い流してしぼり、ざく切りにする。

2 にんじんはマッチ棒状に切って塩を振り、しんなりするまでおく。

3 耐酸性の容器に漬け汁の材料を合わせてかんぴょうとにんじんを入れてまぜる。10分ほどおいて味がなじんだら適量を器に盛る。

memo

このピクルスは、冷蔵庫で3～4日もつので、多めに作って常備菜に。

かんぴょう

夕顔の果肉を薄く削って日干しにした製品。無漂白でも、乾燥後、殺虫のために燻蒸しているので、塩もみをしてにおいをとり、やわらかくする。食物繊維とカリウムの宝庫で、むくみや便秘の予防に効果的。

陰性タイプのアレンジメニュー

陰性の酢を、陽性のごまに変えて

かんぴょうのごまあえ

2人分でかんぴょう15 gはピクルスの作り方1と同様に洗い、ざく切りにする。いり白ごま大さじ1をすってしょうゆ大さじ½、だし大さじ3をまぜ、かんぴょうをあえ、かんぴょうがふっくらもどるまで10分ほどおく。

梅雨の夕ごはん＊

献立

車麩とカリフラワーのムニエル・ポン酢じょうゆ

だしがらとしょうがの炊き込みごはん

にんじんの豆乳ポタージュ

さやいんげんの煮びたし

この日の主菜は車麩です。
もどすのに時間がかかりますが、
ムニエルにすると食べごたえもコクもじゅうぶん。
蒸し暑い日はポン酢じょうゆで、さっぱりと食べ、
肌寒い日や陰性タイプの人はごまみそで食べます。
豆乳も使って、体力を養うタンパク質をしっかりとり、
タンパク質の代謝を促す野菜もたっぷり添えます。

にんじんの豆乳ポタージュ

材料（2人分）
にんじん・・・・・・・・・・・100 g
玉ねぎ・・・・・・・・½個（80 g）
全粒粉・・・・・・・・・・・大さじ1
だし・・・・・・・・・・・・¾カップ
豆乳・・・・・・・・・・・・1カップ
塩・・・・・・・・・・・・・・・適量
オリーブ油・・・・・・・・・大さじ1

作り方
1 にんじんと玉ねぎはすりおろす。
2 鍋に油を熱して1を入れ、水分がとんでパラリとするまで弱めの中火でじっくりといためる。全粒粉を振り入れて粉っぽさがなくなるまでさらにいため、だしを注いでのばす。煮立ったら蓋をして弱火で10分煮る。
3 野菜の甘い香りが立ったら豆乳を加えて底からまんべんなくまぜ、塩で味をととのえる。

さやいんげんの煮びたし

材料（2人分）
さやいんげん・・・・・・・・・80 g
だし・・・・・・・・・・・・大さじ2
しょうゆ・・・・・・・・・・大さじ1

作り方
1 さやいんげんは浅い鍋かフライパンに入れて水¼カップをふりかけ、火にかける。煮立ったら蓋をし、弱火で5分ほど蒸しゆでにする。
2 やわらかくなったら火を止め、だしとしょうゆを回しかける。

だしがらとしょうがの炊き込みごはん

材料（2人分）
玄米・・・・・・・・・・・・2カップ
だしがらこんぶ（55ページ参照）
・・・・・・・・・・・・・・・20 g
だしがら干ししいたけ
（55ページ参照）・・・・・・1枚
しょうがのみじん切り・・小さじ1
塩・・・・・・・・・・・・・小さじ½

作り方
1 玄米は洗って1.4倍の水につけて5時間以上おく。
2 こんぶとしいたけは細く切る。
3 1に2としょうがを加えて塩で調味して普通に炊く。

memo
だしがらのこんぶやしいたけがない場合は、こんぶと干ししいたけを乾物のまま、水づけした玄米といっしょに炊く。

車麩とカリフラワーのムニエル・ポン酢じょうゆ

材料（2人分）
車麩・・・・・・・・・・2枚（30 g）
カリフラワー・・・・・⅓個（80 g）
全粒粉・・・・・・・・・・・・・適量
かんきつ類のしぼり汁・・大さじ2
しょうゆ・・・・・・・・大さじ1.5
オリーブ油・・・・・・・・大さじ2

作り方
1 車麩はたっぷりの水に15～30分つけてもどす。水を吸ってしっとりしたら水けをしぼり、1個を4つに切り、もう一度軽く水けをしぼり、全粒粉をまぶす。
2 カリフラワーは小房に分ける。下ゆでをしないので火が通りやすいよう、大きい房はさらに縦半分に切り、全粒粉をまぶす。
3 フライパンに油を熱して車麩とカリフラワーを入れ、弱めの中火でじっくり焼く。途中で返してこんがりと焼き色をつけ、器にとり出す。
4 あいたフライパンにかんきつ類のしぼり汁としょうゆを入れて煮立て、3にかける。

陰性タイプのアレンジメニュー
ごまとみその陽性コンビを添えて
ごまみそ
2人分でいり白ごま大さじ1をすりつぶし、みそ30 gとだし大さじ2を加えてすりのばす。

盛夏

年々、日本の夏は熱帯並みの高温多湿になっています。

そんな陽性パワーの強い季節を乗り切るには、体内の余分な熱と水分をとってくれる陰性の強い夏野菜や豆腐が欠かせません。夏のスタミナ源とされる焼き肉やうなぎは、消化器系に負担を与え、かえって体を疲れさせます。

ただ、陰性が強すぎるとミネラルの流出を招き、低血圧や貧血を招きます。漬け物やごま、みそなど陽性の調味料をじょうずに組み合わせてバランスをとりましょう。主食は玄米１００％では胃腸に負担をかけるので、麦をまぜたり、めんやパンなどの粉製品を活用します。

盛夏の朝ごはん＊

献立

天然酵母全粒粉パン
キャベツとにんじんのせん切りスープ
かぼちゃとコーンの蒸し焼き

夏は朝から冷たい飲み物や生野菜がほしくなりますが、
心身のエンジンを始動させるには温かい汁物や料理に限ります。
カリウム満点のキャベツとコーンで睡眠中に消費されたミネラルを補い、
抗酸化ビタミン満点のにんじんとかぼちゃで、日中の強い日ざしに備えます。

キャベツとにんじんのせん切りスープ

材料（2人分）

- キャベツ・・・・・・2枚（150ｇ）
- にんじん・・・・・・・・½本（80ｇ）
- 玉ねぎ・・・・・・・・⅓個（50ｇ）
- 塩・・・・・・・・・・・・・・・・少々
- オリーブ油・・・・・・・・・・少々
- パセリのみじん切り・・・大さじ1

作り方

1 にんじんとキャベツは3㎜幅くらいのせん切りにする。玉ねぎは縦に薄切りにする。

2 1を鍋に入れて水2.5カップを注ぎ、火にかける。煮立ったら蓋をして弱火で15分、野菜がくったりして甘い香りが出るまで煮る。

3 塩で味をととのえ、オリーブ油を香りづけにたらし、パセリを散らす。

かぼちゃとコーンの蒸し焼き

材料（2人分）

- かぼちゃ・・・・・・・・・・100ｇ
- ゆでとうもろこし・・・・½カップ
- オリーブ油・・・・・・・・小さじ2
- 塩・・・・・・・・・・・・・・・少々

作り方

1 かぼちゃは2㎝厚さに切る。

2 フライパンにかぼちゃを並べ、水大さじ3を回しかけて蓋をする。煮立ったら弱火にして4〜5分蒸し焼きにする。

3 かぼちゃに金ぐしがすっと通るようになったらオリーブ油を回しかけ、とうもろこしを加えて、かぼちゃの表面がパリッとするよう途中で上下を返して焼き、塩で調味する。

memo

とうもろこしは、あれば生で求めて軸つきのままゆでて、実をかきとって使う。なければ蒸しゆで缶詰めか冷凍のホールコーンを。

盛夏の昼ごはん＊

献立
ごまだれそうめん
なすと長いもの
しぎ焼き

陰性の強い生野菜や
冷たいめん料理は、
真夏の昼食ならではの楽しみです。
そうめんには
陽性のごまだれを添えて
バランスをとりますが、
陰性タイプの人は、
そうめんをそばにかえて
より中庸に近づけます。
さらに陽性を強めたいときは、
副菜の長いもを使って
温かいとろろそばにし、
トマトとセロリは
なすと合わせていため物にします。

ごまだれそうめん

材料（2人分）

そうめん	200 g
大根	100 g
トマト	½個
セロリ	½本
ごまだれ	
すり白ごま	大さじ2
しょうゆ	大さじ1
だし	大さじ3

作り方

1 大根はせん切りにし、セロリは薄切りにする。トマトはくし形に切る。

2 ごまはねっとりするまですってしょうゆとだしでのばす。

3 そうめんはたっぷりの湯でゆでて水にとってぬめりを洗い流し、**1**とともに器に盛り、**2**のごまだれを添える。

なすと長いもの しぎ焼き

材料（2人分）

なす		1個
長いも		100 g
A	だし	大さじ1
	みそ	大さじ1.5
	しょうがのすりおろし	小さじ1
ごま油		大さじ1

作り方

1 なすと長いもはそれぞれ1㎝厚さの斜め輪切りにする。

2 フライパンに油を熱してなすと長いもを重ならないように並べ、弱めの中火で両面をじっくり焼きつける。

3 Aは合わせてみそをといておく。

4 火が通ったらAを回しかけてからめる。

陰性タイプのアレンジメニュー

そうめんをそばにかえて
とろろかけに。
野菜はいため物に。

とろろそば

2人分でそば200ｇを熱湯でゆでて洗い、器に盛る。長いも100ｇをすりおろしてかけ、だし3カップとしょうゆ大さじ3を煮立てた汁をかける。

夏野菜のいため物

2人分でなす1個、トマト½個、セロリ½本は一口大に切り、オリーブ油大さじ1でいため、しんなりしたら塩少々で調味する。

盛夏の夕ごはん＊

献立
とうふそぼろのかくやずし
きゅうりとレタスと細寒天のサラダ
もずくのすまし汁

みそ味のとうふそぼろの下は漬け物を刻み込んだすしめし。すし酢は砂糖のかわりにりんごジュースを加えるので、さわやかな香りが楽しめて、利尿作用のあるカリウムもたっぷり。サラダは、夏の生野菜に、厳冬に作られた細寒天を加えて、陰陽のバランスをとります。

とうふそぼろのかくやずし

材料（2人分）

玄米ごはん　…………　300 g

すし酢
- 酢　…………　大さじ2
- 塩　…………　少々
- りんごジュース　…………　小さじ2

たくあん　…………　50 g
しば漬け　…………　50 g
みょうが　…………　2個

とうふそぼろ
- 木綿豆腐　…………　½丁
- みそ　…………　小さじ2
- 塩　…………　少々

青じそ　…………　4枚

作り方

1 すし酢の材料を合わせてよくまぜ、あたたかい玄米ごはんに回しかけ、さっくりとまぜる。

2 たくあん、しば漬け、みょうがはこまかく刻み、**1**に加えてさっとまぜる。

3 とうふは水けをきって手でくずしてフライパンに入れ、強めの中火にかけて水分をとばしながらいる。ぽろぽろになったらみそと塩を加えてさらにまぜ、そぼろ状にいり煮する。

4 器に青じそを敷いて**2**のかくやずしを盛り、とうふそぼろをのせる。

きゅうりとレタスと細寒天のサラダ

材料（2人分）

レタス　…………　1枚
きゅうり　…………　½本
枝豆（ゆでた実）　…………　50 g
細寒天　…………　3本（もどして10 g）
しょうゆ　…………　少々
塩　…………　少々
オリーブ油　…………　大さじ½

作り方

1 レタスは一口大にちぎり、きゅうりは小さく切る。

2 枝豆は熱湯でゆでてさやから実を出す。

3 細寒天は水につけてもどし、やわらかくなったら水けをきつくしぼり、4cm長さに切る。

4 ボウルに塩としょうゆ、オリーブ油を合わせてよくまぜ、**1**～**3**を入れてあえる。

細寒天

寒天はてんぐさなどの海草を煮とかして、厳冬期の夜に凍らせ、日中は太陽に当てて干すことを繰り返して作る。昔から和菓子に使われてきた岐阜県産の細寒天（糸寒天ともいう）は、てんぐさ100％でコシが強い。

もずくのすまし汁

材料（2人分）

もずく（生）　…………　50 g
万能ねぎ　…………　2本
だし　…………　1.5カップ
しょうゆ　…………　大さじ⅔
塩　…………　少々

作り方

1 もずくは水けをきって器に盛り、ねぎを小口切りにして散らす。

2 だしを温めてしょうゆと塩で調味し、**1**に注ぐ。

memo
もずくは塩蔵品なら塩を洗い流して水につけて塩抜きして使う。

初秋

空がだんだん高くなり、朝夕の風が涼しくなるにつれ、自然界の気も陽から陰へと少しずつ変わってきます。

食事も、老廃物の代謝を促す陰性のカリウムとともに、寒さに備えて体力を養う陽性のデンプンを補いましょう。

この2つをバランスよく含むしゅんの食材は、里いもなどのいも類、豆類、根菜です。

ただ、あまり陽性に傾けると胃腸に負担をかけるので、あっさりと薄味で調理するようにします。

初秋の朝ごはん＊

献立
- もちきび入り玄米ごはん
- 大根と油揚げのみそ汁
- ひじきとれんこんのいり煮
- しば漬け

夏バテを解消し、秋を迎えて
体力をつける第一歩は、
玄米ごはんとみそ汁の朝ごはんです。
ごはんにはもちきびを炊き込んで陽性を強め、
みそ汁にも、とうふより陽性の強い
油揚げを使います。
ひじきとれんこんのいり煮は、91ページに紹介した
マクロビオティックの基本食。
れんこんはカリウムとビタミンC、デンプン、
ひじきは鉄とヨウ素、カルシウムの宝庫。
血液や骨を健康に保ち、食物繊維も豊富なので、
老廃物の排泄を促す効果もあります。
常備菜にして毎日少しずつとりましょう。

ひじきとれんこんのいり煮

材料と作り方

91ページ参照

memo

マクロビオティックの料理は薄味で保存効果のある砂糖も加えていないので、常備菜にする場合は、汁けがなくなるまでしっかり煮詰め、十分に冷めてから冷蔵庫に。冷蔵庫で2～3日はもつ。

大根と油揚げのみそ汁

材料（2人分）

大根	100 g
油揚げ	½枚
だし	1¾カップ
みそ（麦みそ＋豆みそ）	20 g

作り方

1. 大根はせん切りにする。
2. 油揚げは熱湯を回しかけて油抜きをし、細切りにする。
3. 鍋にだしを入れて大根と油揚げを加えて煮る。大根に火が通ったらみそをとき入れる。

memo

夏のみそ汁を麦みそ100%で仕立てていた場合は、秋になったら米みそか豆みそをブレンドしていくとよい。

もちきび入り玄米ごはん

材料（作りやすい分量）

玄米	2カップ
もちきび	大さじ4
塩	少々

作り方

玄米ともちきびは洗って水3カップを注いで5時間以上おき、塩少々を加えて普通に炊く。

memo

気温の高いときは傷みやすいので、玄米だけを水につけ、水をきってからもちきびと合わせて分量の水を注いで炊く。

陰性タイプのアレンジメニュー

さらに陽性パワーの強い

梅干し

陰性タイプの人は、もう少し早く陽性の食事へ近づけたいので、しば漬けより太陽のエネルギーをたくさん受けている梅干しにかえる。胃腸の調子があまりよくない場合は、もちきびごはんにゆかりを振ってもよい。

初秋の昼ごはん＊

献立
こまごま野菜のお好み焼き
黒ごま豆乳

ついつい冷蔵庫にたまっていく
残り野菜を集めて、
お好み焼きを焼きましょう。
陽性の全粒粉を使ってまとめ、
ごまも加えるので、
野菜はここにあげたものに限らず、
セロリやレタスなどの
夏野菜が入ってもだいじょうぶです。
秋は、のどや鼻の粘膜、肌が乾燥し、
髪もパサつきがちな季節。
そんな乾燥を防ぐ働きのあるごまを
すりつぶし、
豆乳にたっぷりとかし込んだ
ドリンクを添えます。

こまごま野菜のお好み焼き

材料（2人分）

キャベツ・・・・・・・・・・200 g
にんじん・・・・・・・・・・・40 g
玉ねぎ・・・・・・・・・・・1/3個
いり白ごま・・・・・・・・大さじ1
だしがらこんぶ（55ページ参照）
・・・・・・・・・・・・・・・10 g
全粒粉・・・・・・・・・・・100 g
しょうゆ・・・・・・・・・小さじ1/4
青のり粉・・・・・・・・・・・少々
塩・・・・・・・・・・・・・・少々
植物油・・・・・・・・・・小さじ2

作り方

1 キャベツとにんじんはせん切りにし、玉ねぎは薄切りにしてボウルに入れ、塩小さじ1（分量外。野菜の重量の約2％）を振りかけて軽くまぜ、しんなりするまでおく。

2 こんぶもせん切りにする。

3 **1**の野菜をぎゅっともんでさらにしんなりさせ、全粒粉を振り入れる。野菜から出た水分を吸わせながらよくまぜ、粉っぽさが残っていたら様子を見ながら水を加え、どろどろにする。

4 **3**をしょうゆと塩で調味し、ごまとこんぶを加える。

5 フライパンに油を熱して**4**を一度に流し、弱めの中火でじっくりと焼き、こんがりと焼き色がついて縁が乾いてきたら裏返して反対側もこんがりと焼く。

6 食べやすく切って器に盛り、青のり粉を振る。

黒ごま豆乳

材料（2人分）

いり黒ごま・・・・・・・・大さじ2
豆乳・・・・・・・・・・・2カップ

作り方

1 ごまは粒がなくなるまですりつぶし、豆乳を加えてすりのばす。

2 鍋に移して温める。

memo

残暑が残る日や陽性タイプの人は、冷たいまま飲んでもよい。

マクロ クッキングメモ

黒ごまVS.白ごま

白ごまは黒ごまの皮をむいたもの、と思っていませんか？　ごまには黒や白だけでなく、黄色や褐色もあります。栄養価の差はほとんどなく、抗酸化成分リグナンは黒より白のほうが多めです。ただ、血栓を防ぐ作用がある香り成分は黒のほうが多め。ごまは皮がかたいので、すりつぶさないと栄養が吸収されませんが、白の皮のほうがやわらかめなので、粒のまま使いたいとき、高齢者や子どもに出すとき、胃腸の調子がよくないときは白ごまを使うとよいでしょう。

初秋の夕ごはん＊

献立

あずき入り玄米ごはん
けんちん汁
里いもとにんじんのこんぶ煮
青梗菜とおつゆ麩のごまあえ

あずき、里いも、にんじんと、
デンプン&カリウムが豊富な
秋の味覚が勢ぞろいした献立です。
品数も多く、
調理がたいへんそうですが、
あずきごはんは炊飯器に
セットするだけ。
煮物や汁物も、里いもは下ゆでなし、
にんじんは皮をむかない
マクロクッキングだから、
意外に手間はかかりません。
必要なのは、
ころあいに煮えるまで待つ時間。
もう、火の前に立つのが
つらくない季節です。
土から出てきたばかりの秋野菜と
じっくり対話しながら
料理を楽しみましょう。

青梗菜とおつゆ麸のごまあえ

材料（2人分）
青梗菜 ・・・・・・・・・・・・1株
おつゆ麸（小町麸、白玉麸など）
・・・・・・・・・8〜10個（5 g）
いり黒ごま ・・・・・・・・大さじ1
しょうゆ ・・・・・・・・・大さじ$\frac{1}{2}$

作り方
1 青梗菜はざく切りにして熱湯でゆで、ざるに上げて水けをきる。
2 麸は水にひたしてもどし、水けをしぼる。
3 ごまは粒がなくなるまですってしょうゆとまぜ、青梗菜と麸をあえる。

おつゆ麸

焼き麸のなかでもっとも一般的な製品。写真の小町麸のほか、観世麸、白玉麸などがある。車麸や板麸はじか火焼きなのでかたくてもどりにくいが、これらはオーブン焼きで気泡が多いので、乾燥のまま汁に入れてもすぐにもどることから、汁の実に愛用され、おつゆ麸とも呼ばれる。じか火焼きの麸よりやや陰性寄りである。

里いもとにんじんのこんぶ煮

材料（2人分）
里いも ・・・・・・・大2個（200 g）
にんじん ・・・・・・・$\frac{1}{2}$本（60 g）
だしがらこんぶ（55ページ参照）
・・・・・・・・・・・・・・・30 g
だし ・・・・・・・・・・・1.5カップ
塩 ・・・・・・・・・・・・・・・少々
しょうゆ ・・・・・・・・・大さじ$\frac{1}{2}$

作り方
1 里いもはたわしで表面のけばをむき、大きいものは半分に切る。にんじんは1.5cm厚さの輪切りにして好みの型で抜く（抜いた外側ももちろん使う）。こんぶは幅を3〜4等分にしてそれぞれ結ぶ。
2 鍋にだしと**1**を入れて煮立ったら火を弱めて落とし蓋をしてゆっくりと煮る。里いもに火が通ったら塩としょうゆで調味し、味がなじむまで煮る。

memo

里いもはたわしで表皮をこすりむくようにして、表皮のすぐ下にある薄皮を残しておくと、加熱してもぬめりがあまり流出しないので、煮汁がトロトロにならない。切り口も少ないほどぬめりが出ないので、小ぶりのいもを選ぶとよい。

あずき入り玄米ごはん

材料（作りやすい分量）
玄米 ・・・・・・・・・・・・2カップ
あずき ・・・・・・・・・・$\frac{1}{3}$カップ
塩 ・・・・・・・・・・・・・小さじ$\frac{1}{4}$

作り方
1 玄米は洗って水3カップを注いで5時間以上おく。
2 ざっと洗ったあずきと塩を加えて普通に炊く。

けんちん汁

材料（2人分）
ごぼう ・・・・・・・・・・・・15cm
木綿豆腐 ・・・・・・・・・・・$\frac{1}{2}$丁
ねぎ ・・・・・・・・・・・・・10cm
だし ・・・・・・・・・1 $\frac{3}{4}$カップ
みそ（麦みそ+豆みそ） ・・・20 g
ごま油 ・・・・・・・・・・小さじ1

作り方
1 ごぼうはささがきにする。
2 鍋に油を熱してごぼうを入れ、じっくりといためる。よい香りが立ったら豆腐を手で大きくくずして入れ、強火でジャッといため、だしを注ぐ。
3 ごぼうがやわらかくなるまで煮てみそをとき入れる。ねぎを小口切りにして加え、ひと煮する。

晩秋

秋晴れがつづいて田の収穫も終わるころは、食欲の秋もいよいよ本番。冬に備えて本格的に、夏に消耗した体の立て直しをはかります。ちょうど、新米、新そばも出回り、穀物がおいしい季節。いよいよ太ってうまみが増した根菜は、皮ごと調理して土の養分をむだなく利用しましょう。油を少し使ったり、みそを大いに活用して、陽性を強めるようにします。

晩秋の朝ごはん＊

献立

玄米もちの磯辺巻き
にんじんとクレソンのみそ汁
白菜のおぼろあえ

玄米もちは玄米ごはんより陽性が強く、精白米のもちより粘りけが少ないので、おなかに軽く、朝食にぴったり。磯辺巻きは、穀物菜食で不足しがちなビタミンB_{12}の豊富なのりをいっしょにとる、栄養的にも理にかなった食べ方です。白菜も塩でもんでおぼろこんぶをからめることで、海のパワーとうまみをもらって陽性の一品に変身です。

玄米もちの磯辺巻き

材料（2人分）

玄米もち・・・・・・・・・・・4個
しょうゆ・・・・・・・・・・・少々
のり・・・・・・・・・・・・・1/2枚
古漬けたくあん・・・・・・・適量

作り方

1 のりは1/2枚を縦4枚に切る。

2 もちは焼き網でこんがりと焼き、しょうゆをからめ、のりを1枚ずつ巻く。

3 器に盛ってたくあんを添える。

にんじんとクレソンのみそ汁

材料（2人分）

にんじん・・・・・・・・・・・30 g
クレソン・・・・・・・・・・・30 g
だし・・・・・・・・・・・・・2カップ
みそ・・・・・・・・・・・・・大さじ2

作り方

1 にんじんはマッチ棒状に切る。クレソンはざく切りにする。

2 だしでにんじんをやわらかく煮てみそをとき入れ、クレソンを散らして火を止める。

白菜のおぼろあえ

材料（2人分）

白菜・・・・・・・・・・・・・200 g
塩・・・・・・・・・・・・・・小さじ1/4
おぼろこんぶ・・・・・・・ふたつまみ

作り方

1 白菜はざく切りにして塩を振り、しばらくおく。

2 白菜がしんなりしたら軽くもみ、おぼろこんぶをまぜる。好みでしょうゆをたらす。

おぼろこんぶ

利尻こんぶや真こんぶなどを酢に漬けてやわらかくして薄く削った製品。とろろこんぶはこんぶの側面などを細く削った製品。こんぶのうまみ不足をアミノ酸調味料などを添加して補った製品もあるので、酢だけ使った製品を選ぶようにする。玄米ごはんやもち、そばにのせたり、削り節のように野菜をあえたりするほか、梅干しとともにお椀に入れて湯を注げば、おいしい即席すまし汁ができる。

晩秋の昼ごはん＊

献立
かぼちゃ入りみそうどん
切り干し大根とだしがらこんぶの酢漬け

朝の主食が陽性寄りの玄米もちだったので、昼はやや陰性のうどんを主役に。マクロビオティックですすめる地粉のうどんはコシがなく、長く煮込むとちぎれやすいのが欠点。全粒粉や胚芽小麦入りなら、さらにちぎれやすくなります。

そんなうどんは、かぼちゃやごぼう、玉ねぎなど、甘みの出る野菜をじっくり煮込んだ煮汁をからめて食べるのがいちばん。

油揚げを加えてみそ味で仕立て、陽性パワーを加えます。

切り干し大根とこんぶの日光と海のパワーを添えれば、さらにバランスが完璧です。

かぼちゃ入りみそうどん

材料（2人分）

うどん	200 g
かぼちゃ	80 g
ごぼう	60 g
玉ねぎ	⅓個
油揚げ	½枚
カットわかめ（乾燥）	少々
だし	2.5カップ
みそ（麦みそ＋豆みそ）	大さじ3

作り方

1 かぼちゃは5〜6㎜厚さの角切りにする。ごぼうは薄い乱切りにし、玉ねぎはくし形に切る。油揚げは熱湯を回しかけ、2㎝角に切る。

2 だしに**1**を入れて火にかけ、煮立ったら火を弱めてゆっくりと煮る。ごぼうに火が通ったらみそをとき入れる。

3 うどんをたっぷりの熱湯でゆで、ざるに上げて水けをよくきって**2**に加え、温まる程度にひと煮して最後にわかめを散らす。

切り干し大根とだしがらこんぶの酢漬け

材料（作りやすい分量）

切り干し大根	30 g
だしがらこんぶ（55ページ参照）	20 g

合わせ酢

酢、水	各大さじ½
しょうゆ	大さじ1.5
りんごジュース	大さじ2

作り方

1 切り干し大根はさっと洗ってざく切りにする。こんぶは細く切る。

2 合わせ酢の材料をまぜて**1**をあえる。10分ほどおいて味がなじめば食べられる。

memo

冷蔵庫なら2週間くらいもつ。寒い季節なら暖房のきいていない台所で保存しても、1週間はだいじょうぶ。

マクロ クッキングメモ

ほうとうに挑戦してみよう

かぼちゃ入りみそうどんは、本来は山梨県の郷土料理、ほうとうを使う。ほうとうは地粉があれば手軽にできる。2人分で、地粉200ｇと塩小さじ½をボウルに入れ、水を少しずつ加えながらこねる。手のひらでギュッギュッと押しながら、耳たぶよりややかためにこね、ぬれぶきんをかぶせて30分おく。4㎜厚さにのして折りたたみ、端から1㎝幅に切る。ゆでずに、みそをとき入れた煮汁にほぐしながら入れ、シコシコするまで煮る。

晩秋の夕ごはん＊

献立

- 玄米の五分がゆ
- しょうがみそ
- 玉ねぎとえのきだけのみそ汁
- さつまいものサラダ
- 大豆つくねと野菜のソテー

心も体もゆったりと安息状態に保ちたい夕ごはんは、陰陽のバランスを中庸にもっていきます。

主食は、陽性の玄米をおかゆにして少し陰性にし、陽性のしょうがみそを添えます。

主菜の大豆つくねはやや陽性寄りなので、副菜のさつまいもはサラダに仕立てて陰性寄りにします。

陰性タイプの人や、木枯らしが吹く寒い夜は、サラダをくずあんかけにすると、献立全体が陽性ぎみになります。

大豆つくねと野菜のソテー

材料（2人分）

ゆで大豆（72ページ参照）‥160 g
玉ねぎ‥‥1/3個
全粒粉‥‥大さじ2
れんこん‥‥50 g
にんじん‥‥60 g
塩‥‥適量
しょうゆ‥‥小さじ2
植物油‥‥大さじ1

作り方

1 玉ねぎはみじん切りにして油少々（分量外）でいためる。

2 ボウルに大豆と**1**、全粒粉、塩少々を合わせ、すりこ木かマッシャーなどで大豆をつぶしながらまぜる。全体にねっとりとしてまとまったら6等分してそれぞれ円盤形に丸める。

3 れんこんとにんじんは3～4㎜厚さの輪切りにする。

4 フライパンに油を熱して**2**の大豆つくねと**3**の野菜を並べ、両面をこんがりと焼く。焼き色がしっかりついたら水大さじ2を回しかけ、蓋をして3分ほど蒸し焼きにして火を通す。塩を振ってしょうゆを回し入れ、表面にからめる。

memo

大豆をゆでる時間がなければ、蒸し大豆缶詰めを使うとよい。水煮缶詰めより歯ごたえがあり、うまみも強い。

玉ねぎとえのきだけのみそ汁

材料（2人分）

玉ねぎ‥‥1/3個
えのきだけ‥‥1/2袋
だし‥‥1 3/4カップ
みそ（麦みそ十豆みそ）‥‥20 g

作り方

1 玉ねぎは7～8㎜幅に縦にくし形に切る。

2 えのきだけは根元を落として長さを半分に切る。

3 だしで玉ねぎを透き通るまで煮てえのきだけを加え、みそをとき入れ、煮立つ直前に火を止める。

さつまいものサラダ

材料（2人分）

さつまいも‥‥150 g
かぼちゃの種‥‥少々

ドレッシング

酢‥‥小さじ2
植物油‥‥大さじ1/2
塩‥‥少々
りんごジュース‥‥大さじ1/2

作り方

1 さつまいもは角切りにしてやわらかく蒸すかゆでる。

2 ドレッシングの材料を合わせてさつまいもをあえ、かぼちゃの種を散らす。

玄米の五分がゆ

材料（作りやすい分量）

玄米‥‥1カップ
塩‥‥小さじ1/4

作り方

1 玄米は洗って水5カップに浸して3時間以上おく。

2 火にかけ、煮立ったら弱火にして蓋をずらしてかけ、吹きこぼれないように火かげんをしながら約40分炊く。

3 炊き上がったら塩を加えてさっとまぜる。

しょうがみそ

材料（作りやすい分量）

しょうが‥‥30 g
麦みそ‥‥120 g
ごま油‥‥大さじ1

作り方

1 しょうがは薄切りにする。

2 鍋にごま油を熱してしょうがを入れて焦がさないように弱火でゆっくりといためる。しょうがが透き通ってよい香りが立ったら、みそを加えてねり、全体につやが出て香ばしい香りが立つまでいため合わせる。

memo

しょうがみそは冷蔵庫で2週間はもつ。蒸し野菜や焼いた野菜、油揚げに添えてもおいしい。みそは米こうじみそでもおいしい。

陰性タイプのアレンジメニュー

ドレッシングを陽性のみそ味のくずあんに

さつまいものくずあんかけ

2人分でさつまいも150 gを輪切りにして蒸すかゆでる。あんは、だし大さじ3とみそ30 gを小なべに合わせてときまぜ、水大さじ1でといたくず粉小さじ1を流して弱火でねり、とろみがついたらさつまいもにかける。

初冬

暖冬かと思うといきなり朝夕に冷え込んだり、あられが降ったりと、最近の冬は天候が不安定なだけに体調管理に注意が必要です。油断して陰性食品や冷たいものばかりを食べていると胃腸が冷えてしまい、いざというときに自衛力が働きません。穀物と根菜の陽性パワーに、ビタミン源の緑黄色野菜を献立の基本にし、煮物や汁物などの温かい料理を心がけましょう。

初冬の朝ごはん＊

献立

かぼちゃ入り玄米おじや
ごま塩（22ページ参照）
ごぼうとれんこんとにんじんのきんぴら

おじやは、ごはん粒が煮くずれるくらいまで煮込む昔ながらの滋養食。

味をつけて煮込むのが普通ですが、ここではかぼちゃとともにだしで煮て、食卓でごま塩を振って食べます。

とろりと甘い玄米を、ごまの香りと塩けがきりっと引き締め、寒い朝のエネルギー補給に絶好です。

さらに陽性パワーを高めてくれるのはきんぴら。

ごぼうは整腸作用、れんこんは呼吸器系を守る効果があり、にんじんは抗酸化ビタミンの宝庫。

冬の健康食として常備したいおかずの1つです。

memo

きんぴらは、冷蔵庫で3〜4日はもつ。そのままでもよいが、ここでは昼ごはんのチャーハン（160ページ参照）に利用する。

ごぼうとれんこんとにんじんのきんぴら

材料（作りやすい分量）

ごぼう	1本（150g）
れんこん	100g
にんじん	½本（80g）
ごま油	大さじ2
だし	大さじ3
しょうゆ	大さじ3

作り方

1 ごぼうとにんじんは斜めに2〜3mm厚さに切り、縦に細く切る。

2 れんこんは薄いいちょう形に切る。

3 鍋に油を熱してごぼうをいためる。じっくりといため、つやが出てよい香りが立ったら、にんじんとれんこんを加えていため合わせる。

4 にんじんとれんこんもつやが出てきたら、だしとしょうゆを加え、汁けがなくなるまでいり煮にする。

かぼちゃ入り玄米おじや

材料（2人分）

玄米ごはん	200g
かぼちゃ	100g
ねぎ	10cm
だし	2カップ
ごま塩	少々

作り方

1 かぼちゃは1cm厚さで食べやすい大きさに切る。ねぎは小口切りにする。

2 だしを煮立ててかぼちゃと玄米ごはんを加え、煮立ったら弱火にして10〜15分煮る。

3 ねぎを加えて火を止め、蓋をして5〜6分おいて蒸らす。

初冬の昼ごはん＊

献立
きんぴらと小松菜のみそチャーハン
ブロッコリーとおぼろこんぶのすまし汁

常備菜用に作ったごぼうとれんこんとにんじんのきんぴら（158ページ参照）を利用してチャーハンを作ります。

小松菜をたっぷり加えるので、写真で見るように、まるで野菜いために玄米ごはんを散らしたよう。食感も野菜の歯ごたえと香りに玄米の甘みがアクセントになって、野菜料理を食べている感覚です。でも、しっかりいためてみそで調味するので、陽性パワー満点。

おぼろこんぶのすまし汁で海のパワーも添えます。

きんぴらと小松菜のみそチャーハン

材料（2人分）

- 玄米ごはん ・・・・・・・・・ 300 g
- ごぼうとれんこんとにんじんのきんぴら（158ページ参照） ・・・・・・・・・・・ 100 g
- 小松菜 ・・・・・・・・・・ 200 g
- ねぎ ・・・・・・・・・・・・ 15cm
- みそ ・・・・・・・・・・・ 小さじ1
- 植物油 ・・・・・・・・・・ 大さじ1
- いり白ごま ・・・・・・・・ 小さじ1

作り方

1 小松菜は1cm長さに刻む。ねぎはあらみじんに切る。

2 フライパンに油を熱してねぎをいため、しんなりしたら玄米ごはんを加えてほぐしながらいためる。油が回ってつやが出てパラリとほぐれたら、きんぴらと小松菜を加えて大きくいため合わせる。

3 小松菜がしんなりしたらみそを加えてさらにいため、ごまを散らす。

memo

きんぴらの甘みがあるので、みそは豆みそだけでもおいしい。赤の米みそでもよい。

ブロッコリーとおぼろこんぶのすまし汁

材料（2人分）

- ブロッコリー ・・・・・・・・・ 80 g
- おぼろこんぶ ・・・・・・ 2つまみ
- だし ・・・・・・・・・・・ 2カップ
- しょうゆ ・・・・・・・・・・・ 少々
- 塩 ・・・・・・・・・・・・・・ 少々

作り方

1 ブロッコリーは小房に切り分ける。軸は縦に細く切る。

2 だしを熱してブロッコリーを入れて煮る。じゅうぶんにやわらかくなったらおぼろこんぶを加え、塩としょうゆで味をととのえる。

memo

チャーハンはお弁当にも最適。すまし汁も持参する場合は、ゆでたブロッコリーとおぼろこんぶとともに、塩がわりに梅干しを持参して、食べるときにカップに入れて湯を注ぐと、即席すまし汁ができる。

初冬の夕ごはん＊

献立
そば粉のおやき
根菜のポトフ・ごまみそ添え
おろしれんこんのとろみスープ

根菜とがんもどきをこんぶとともにじっくり煮込み、白の米みそを使った甘めのごまみそで食べます。

主食はそば粉のおやき。

ごま油としょうゆの香ばしさをからめて食べます。

根菜の煮汁には、土と海のミネラルがたっぷりとけ出ているので、スープに活用します。

れんこんのすりおろしを加えて煮ればたちまちとろとろ。

のどごしもなめらかで体も温まり、最高の滋養食になります。

そば粉のおやき

材料（2人分）

そば粉 …… ½カップ（60ｇ）
ごま油 …… 大さじ1
しょうゆ …… 少々

作り方

1 ボウルにそば粉を入れて熱湯¾カップを注いで菜箸で手早くまぜ、もっちりとするまでねる。

2 4等分してそれぞれ2㎝厚さくらいの円盤形に丸め、好みで型抜きなどで押して表面に刻みをつける。

3 フライパンに油を熱して2を入れて両面をこんがりと焼く。押して弾力があれば火が通っているのでしょうゆを入れ、さっと両面にからめて香ばしく焼き上げる。

そば粉

そばは玄米よりも陽性の穀物。めんに打つとさらに陽性が強まるが、そば100％で食べるにはそば粉をそのままねって食べるそばがきがいちばん。ねってまとめて油で焼けば、めんに負けない陽性パワーが加わる。できるだけひきたての上質のそば粉を選びたい。

根菜のポトフ・ごまみそ添え

材料（2人分）

大根 …… 100ｇ
にんじん …… 40ｇ
ごぼう …… 50ｇ
芽キャベツ …… 4個
がんもどき …… 2個
こんぶ …… 10㎝
塩 …… 少々

ごまみそ
みそ …… 大さじ2
いり白ごま …… 大さじ1.5

作り方

1 鍋にこんぶと水3カップを入れて15分おく。

2 大根は2～3㎝厚さの半月形に切る。にんじんとごぼうは縦に2～4等分に切る。芽キャベツは根元に十字の切り目を入れる。

3 1に大根とごぼうを入れて火にかけ、煮立ったら弱火にして10～15分煮る。にんじんと芽キャベツ、がんもどきを加えてさらに6～7分煮、塩で薄味にととのえる。

4 ごまはあらずりにし、みそを加えてすりのばす。

5 3の具を器に盛って4のごまみそを添える。

おろしれんこんのとろみスープ

材料（2人分）

れんこん …… 100ｇ
ポトフの煮汁 …… 1カップ
しょうゆ …… 小さじ½
大根の葉 …… 少々

作り方

1 れんこんはすりおろす。

2 大根の葉は熱湯でゆでて刻む。

3 ポトフの煮汁を煮立てて1を加え、底にれんこんが沈むと焦げつくので、底からまぜながらとろみがつくまで煮、しょうゆで味をととのえる。

4 スープを器に盛り、大根の葉を飾る。

厳冬

正月ごろを境に寒さもいよいよ厳しく、氷点下になる日もふえて、雪が降り積もる地域もあるでしょう。体中の細胞が縮こまって、水分も栄養の代謝も低下しがちです。体に活力を与えてくれるのは、陽性のもちやめん類に、じっくり火を通した根菜の煮込み料理です。青菜やねぎ、白菜などの葉菜は、やや陰性の野菜ですが、縮こまった内臓や細胞に弾力をとり戻してくれます。

厳冬の朝ごはん＊

献立
玄米の10倍がゆ
大根とにんじんの即席麦みそ漬け
れんこんとこんぶのつくだ煮風

玄米がゆは玄米ごはんより陰性寄りですが、消化がよく、胃腸を温めて、朝の寒さで縮こまっている細胞をやさしく活性化してくれます。生野菜に麦みそをからめただけの即席みそ漬けも、ビタミン・カリウムたっぷりで、やや陰性寄りの一品です。献立全体を陽性に仕上げるのは、しっかり煮しめたれんこんとこんぶ。血行がよくなって、全身をポカポカにしてくれます。

玄米の10倍がゆ

材料（2人分）
玄米 ・・・・・・・・・・・・ 1カップ
塩 ・・・・・・・・・・・・・・ 少々

作り方

1 玄米は洗って10カップの水に3時間以上つけておく。

2 土鍋など、厚手の鍋に移して火にかけ、底からまぜながら煮る。煮立ったら弱火にし、蓋をずらしてかけて40分〜1時間炊く。

3 塩で味をととのえる。

memo

暖房のきかない冬の台所なら、寝る前に玄米を水につけておいてもよい。炊く時間は好みで、さらに長く炊けば、写真よりとろとろに炊ける。

大根とにんじんの即席麦みそ漬け

材料（作りやすい分量）
大根 ・・・・・・・・・・・・ 150g
にんじん ・・・・・・・・・・ 70g
麦みそ ・・・・・・・・・・・ 70g

作り方

1 大根は1.5cm角くらいの棒状に切る。にんじんは短冊に切る。

2 大根とにんじんに麦みそをからめて密閉容器に入れ、5時間以上漬ける。

3 みそを手で軽くぬぐって器に盛る。

memo

冷蔵庫で保存すれば4〜5日はおいしく食べられる。残ったみそは野菜のカリウムがとけ出ているので、捨てずにみそ汁などに活用したい。

れんこんとこんぶのつくだ煮風

材料（2人分）
れんこん ・・・・・・・・・・ 100g
だしがらこんぶ（55ページ参照）
・・・・・・・・・・・・・・・ 40g
しょうゆ ・・・・・・・・・ 大さじ2
だし ・・・・・・・・・・・ 大さじ1

作り方

1 れんこんは薄いいちょう形に切る。こんぶは細く切る。

2 鍋に1とだし、しょうゆを合わせて火にかけ、煮立ったら弱火にして、菜箸でまぜながら汁けがなくなるまで煮る。

memo

この一品も冷蔵庫で4〜5日はもつので、多めに作って常備菜にしても。混合だしをとった干ししいたけのだしがらがあれば、細く切っていっしょに煮てもよい。

厳冬の昼ごはん＊

献立
ねぎそば
こまごま野菜と凍り豆腐の焼きだんご

高血圧を防ぎ、血行をよくして冷えをとるルチンが豊富なそばを主食にした、陽性パワー満点の献立です。焼きだんごは、小松菜、にんじん、ねぎに凍り豆腐も加えて、全粒粉でまとめてみそ味をつけた、陽性食品の大集合。どちらも手早く作れて消化もよく、体のしんから温めてくれるので、寒風吹く戸外に出かける前の腹ごしらえにおすすめです。

こまごま野菜と凍り豆腐の焼きだんご

材料（2人分）

小松菜・・・・・・・・・・・・40ｇ
にんじん・・・・・・・・・・・40ｇ
ねぎ・・・・・・・・・・・・・5㎝
みそ・・・・・・・・・・・大さじ1
凍り豆腐・・・・・・・・2個（18ｇ）
全粒粉・・・・・・・・・・大さじ2
植物油・・・・・・・・・・大さじ1

作り方

1 小松菜とにんじん、ねぎはあらみじんに刻み、ボウルに入れてみそを加えてあえる。

2 野菜がしんなりしたら凍り豆腐をすりおろして加え、全粒粉も加えてねりまぜる。様子を見ながら水大さじ1〜2を加えてひとまとまりになるかたさにねる。6等分してそれぞれ丸める。

3 フライパンに油を熱して**2**を入れ、転がしながらじっくりと焼く。表面にこんがりと焼き色がつき、押してみて弾力が出れば焼き上がり。

マクロ クッキングメモ

しゅんのねぎを常備菜に

ねぎは体をあたためる硫化アリルが多く、かぜの予防に最適な食品。身のつまった冬ねぎをみそといためてねぎみそにしておけば、玄米ごはんに蒸した野菜にと、重宝する。ねぎ1本を縦2〜4つ割りにしてから小口切りにし、ごま油大さじ1でいためて、麦みそ大さじ3を加えてねっとりするまでねる。冷蔵庫で1週間はもつ。

ねぎそば

材料（2人分）

そば（乾めん）・・・・・・・200ｇ
ねぎ・・・・・・・・・・・・・½本
だし・・・・・・・・・・・3カップ
しょうゆ・・・・・・・・・大さじ3

作り方

1 そばはたっぷりの熱湯でゆで、水にとってぬめりを洗い、水けをきる。

2 ねぎは斜め薄切りにする。

3 鍋にだしを煮立ててしょうゆで調味し、ねぎを入れてさっと煮、そばを加えてひと煮する。

厳冬の夕ごはん＊

献立

だまっことロール白菜の煮込み
寒漬けたくあん
あずきかぼちゃ

だまっこは、
玄米ごはんをつぶして全粒粉で
こねたきりたんぽ風のおだんご。
湯葉を巻き込んだ白菜や
大根といっしょに、
ことことと煮込んだ一皿は、
寒い夜にいちばんのごちそうです。
なべ仕立てにして、
煮ながら食べてもいいでしょう。
合いの手は
ほのかな酸味がうれしいたくあん。
デザートがわりを務める
あずきかぼちゃは、
むくみをとる効果もあります。

だまっこと ロール白菜の煮込み

材料（2人分）

白菜 ・・・・・・・・・・・・・ 大3枚
湯葉（もどして） ・・・・・・ 80 g
春菊 ・・・・・・・・・・・・・ 少々
大根 ・・・・・・・・・・・・・ 40 g
ねぎ ・・・・・・・・・・・・・ 10㎝
だし ・・・・・・・・・・ 2.5カップ
塩 ・・・・・・・・・・・・・・ 少々

だまっこ

玄米ごはん ・・・・・・・ 250 g
全粒粉 ・・・・・・・・・ 大さじ1
塩 ・・・・・・・・・・・・・ 少々

作り方

1 鍋にだしをあたためて、白菜を大きいまま入れ、蓋をして5〜6分、しんなりするまで蒸し煮にする。煮汁は捨てない。

2 白菜はざるに上げ、あら熱をとる。

3 まないたに湯葉を広げて白菜を重ね、端からクルクルと巻く。

4 大根は1.5㎝厚さの半月形に切る。ねぎは5㎝長さのぶつ切りにする。

5 **1**の煮汁を塩で調味し、**3**のロール白菜と大根を並べて入れる。煮立ったら弱火にして蓋をして煮る。途中でねぎを加えて合計で15分ほど煮る。

6 だまっこを作る。玄米ごはんは温かいうちに全粒粉を加えてすりこ木の先などで突いてつぶしながらまぜ、塩を加えて6〜8等分してだんごに丸める。

7 油を引かないフライパンで両面をこんがりと焼く。

8 **5**の白菜と大根がじゅうぶんにやわらかくなったらだまっこを入れ、ざく切りにした春菊を加えてひと煮する。

あずきかぼちゃ

材料（2人分）

あずき（乾燥） ・・・・・ 1/4カップ
かぼちゃ ・・・・・・・・・・ 100 g
だしがらこんぶ（55ページ参照）
・・・・・・・・・・・・・・・ 20 g
塩 ・・・・・・・・・・・・・・ 少々

作り方

1 あずきはさっと洗って水1.5カップとともに火にかけ、煮立ったら弱火にして蓋をし、やわらかくなるまで煮る。

2 かぼちゃは3〜4㎝角に切る。こんぶも2〜3㎝角に切る。

3 あずきが指先で軽くつぶれるようになったらかぼちゃとこんぶを加え、煮汁がひたひたになるように水を足し、かぼちゃに火が通るまで煮る。

4 塩を加えて調味する。

マクロ クッキングメモ

寒漬けたくあんとは

寒漬けたくあんとは、冬の寒風に当てて十分に干した大根を、ぬかと塩で漬けた昔ながらの保存用たくあん。機械乾燥で生干しにした大根を、甘口の調味料に漬けた即席漬けのたくあんにくらべて塩分は高いが、歯ごたえがあって、陽性パワーがいっぱい詰まっている。

マクロビオティックへの疑問・不安にお答えします その3

解答者＝野口節子

白砂糖はなぜ使ってはいけないのですか？

白砂糖は、サトウキビの煮汁を何回も精製して糖質だけにした食品です。原料のサトウキビにあった天然成分が失われて、糖質以外の栄養素をまったく含んでいません。糖質の代謝にはビタミンB_1が必要ですが、やはり精製によってビタミン類が失われた精白米を主食としていると、ビタミンB_1不足になりかねません。そのうえ白砂糖をとっていれば、糖質をエネルギーに転換する燃焼が円滑に進まないので、乳酸などの余分な酸が蓄積しやすくなり、疲労感や倦怠感に悩まされることになりかねません。

マクロビオティックでは、白砂糖は陰性が強く、体をゆるめたり、冷やしたりする作用が強いため、冷え性を招くとされます。そこで白砂糖のかわりにすすめられるのは、米あめ、玄米水あめ、はと麦あめなど、穀類から作られた甘味調味料、玄米甘酒やドライフルーツ、りんごやみかんの果汁、メープルシロップなどです。また、砂糖でも精製度が低い黒砂糖、糖蜜、きび砂糖、てんさい糖やはちみつなどもよいでしょう。黒砂糖と糖蜜にはカルシウムが多く、鉄やビタミンB_1、B_2も含まれ、はちみつにはビタミンのほか、銅やマンガンなどのミネラルも豊富です。

チョコレートにはポリフェノールが多く体によいと聞きますが食べてはいけませんか？

チョコレートは四千年の歴史を持つ食品で、古代マヤやインカ文明の時代には、不老長寿の妙薬、神の食べ物として珍重されたといいます。最近では、原料のカカオ豆に含まれるポリフェノールの抗酸化作用が注目され、健康食品としてもてはやされています。

しかし、マクロビオティックでは、カカオ豆が熱帯原産であるうえ、精製糖や精製油、乳製品、香料などを添加して作られるチョコレートは、控えたい食品の1つです。チョコレートに含まれる食物繊維が血糖値の上昇を防ぐという説もありますが、凝縮された高エネルギー食品なので、食べすぎやすく、食べすぎれば肥満や血糖値の上昇を招くことはいうまでもありません。チョコレート大好きで、口にしないとストレスになるというような人は、少量を〝心の友〟として、たまの楽しみにするのはかまいませんが、日常に食べることは避けましょう。

清涼飲料水でも砂糖不使用の製品ならいいでしょうか？

清涼飲料水は、白砂糖と同じく、糖質以外に栄養素を含まないエンプティカロリー食品、つまりからっぽな食品です。エネルギー補給ができても、着色料、防腐剤、重合リン酸塩が添加されているので、できるだけ飲まないようにしたいものです。砂糖不使用であっても、他の植物の甘味成分を精製して作られた甘味料を使っているので、エンプティカロリー食品であることには変わりありません。嗜好品としてとるとしても、摂取量には十分注意して下さい。

第6章

穀物、野菜、豆、果物で作るスナック&スウィーツ

マクロビオティックでは、1日2食プラス軽食で計3食とする食べ方をすすめています。そんな軽食や、小腹がすいたときのおやつに活躍してくれるスナックや甘いおやつを紹介しましょう。

甘いといっても、野菜やいも、豆などの自然の甘みを生かし、甘さを補うのもてんさい糖や果汁などの天然甘味料。コクや香りをつけるのはナッツやドライフルーツです。

バターや生クリームたっぷりのお菓子を、こうしたスナックやスウィーツに切りかえるだけでも、体と心が大きく変わるはずです。

砂糖を控えてふっくらたき上げた、
あずきの天然の甘みを満喫して

煮あずき

材料（作りやすい分量）

あずき（乾燥）・・・・・・・200 g
てんさい糖・・・・・・・・・大さじ3
塩・・・・・・・・・・・・・小さじ1/3

作り方

1 あずきは洗って鍋に入れ、水900㎖を加えて火にかける。煮立ってきたら火を弱め、蓋をしないで煮る。

2 煮汁があずきにつねにかぶっているように、煮汁が少なくなってきたら、水を数回加えながら煮る。

3 指でつぶれるくらいのかたさになったら、てんさい糖を加えてさらに10分煮、最後に塩を加えてひと煮する。

あずき

あずきは脂肪が少なく、貧血予防に役立つ葉酸と鉄、食物繊維も多く、女性の健康管理に絶好。ちなみにこの特徴はレンズ豆と同じ。

memo

煮あずきは、写真では焼いた玄米もちに添えたが、てんさい糖を少し振ってぜんざいとして食べても。
あずきは水につけてもどす必要はないが、寒い季節は、火にかける前に30分ほど水につけておくと、火が早く通り、煮る時間が短くなる。

煮あずきをくず粉でまとめて
きんつば風に

あずきのくず焼き

材料（2人分）

煮あずき（172ページ参照）・・100 g
くず粉・・・・・・・・・・・・50 g
水・・・・・・・・・・・・・・¾カップ
かたくり粉・・・・・・・・・・適量

作り方

1 ボウルにくず粉と水を合わせて、くず粉のだまをつぶすように泡立て器でよくまぜ、万能こし器を通して鍋に移す。

2 弱めの中火にかけ、木べらで絶えずまぜながら、もっちりと透明になるまでねる。

3 煮あずきを加えて弱火にし、あずきが全体にまんべんなくまざるまでねる。

4 まないたかバットにかたくり粉をたっぷりと振り、**3**を一度にあけて平らにならし、冷めるまでおく。

5 一口大に切り、余分な粉をはたき落とす。

6 フッ素樹脂加工のフライパンか、金属製フライパンにクッキングペーパーを敷き、**5**を並べて両面をさっと焼く。

memo

くず焼きが残ったら、ラップで包んで室温で保存する。冷めてくずが粉っぽくなったときは、フライパンで焼き直すか、蒸すとよい。

バターがわりのくるみで
陽性パワーを強化して

あずきとプルーンのミニパイ

材料（6～8個分）

煮あずき（172ページ参照）	100ｇ
くるみ	10ｇ
プルーン（乾燥）	60ｇ
全粒粉	100ｇ
植物油	少々

作り方

1 くるみは軽くいり、5～6㎜大に割る。プルーンは1㎝角くらいに刻む。

2 ボウルに煮あずきを入れて**1**を加え、よくまぜ合わせる。

3 全粒粉に熱湯80㎖を注いで菜箸で手早くまぜ、手でさわれるようになったら手でねり、なめらかな生地にする。

4 **3**を6～8等分し、1切れずつ手のひらにとって丸めてから平らにのばし、**2**を包む。

5 フライパンに油をなじませて余分な油をふきとり、**4**を並べる。両面をこんがりと焼き、水大さじ3を回しかけ、蓋をして水けがなくなるまで蒸し焼きにし、蓋をとってパリッと焼き上げる。

生地にあずきをのせたら、生地の端を中央に引っぱって寄せながらしっかりと閉じる。

ふくよかな白いんげん豆を
豆乳と全粒粉でまとめて

いんげん豆のホットケーキ

材料（2人分）

ゆでた白いんげん豆（74ページ参照）・・・100g
松の実（製菓用）・・・20g
豆乳・・・80㎖
全粒粉・・・50g
植物油・・・大さじ½
てんさい糖・・・少々

作り方

1 ボウルに全粒粉と豆乳を合わせて泡立て器でなめらかにまぜ、いんげん豆と松の実を加える。最後に油を加えてしっかりとまぜる。

2 フライパンを熱して**1**のタネを⅙量ずつ丸く流す。弱火にして縁が乾いてぷつぷつと気泡ができるまで焼き、裏返してこんがりと焼く。残りも同様に焼く。

3 器に盛り、てんさい糖を振る。

memo

蒸し豆の缶詰めを使ってもよい。金時豆やうずら豆など、ほかの種類のいんげん豆を使っても。ベーキングパウダーも砂糖も入っていないので、冷めるとかたくなる。焼きたてを食べること。

オレンジ色のコンビで
ビタミンも満点

かぼちゃと干しあんずの茶きんしぼり

材料（6個分）

かぼちゃ・・・・・・・・・・・・150ｇ

干しあんず・・・・・・・・・・・30ｇ

作り方

1 かぼちゃは種とわたを除き、皮ごと2㎝角に切り、耐熱製ボウルに入れる。干しあんずはそのまま刻んでいっしょに加える。

2 蒸気の立った蒸し器に入れて約10分蒸す。

3 かぼちゃがやわらかくなったらとり出し、あんずといっしょにフォークの先でつぶす。

4 あたたかいうちに6等分してそれぞれ軽く丸め、ラップにのせて口をしぼり、茶きんにととのえる。少しおいて形を落ち着かせてからラップをはずし、器に盛る。

memo

蒸し器を使うかわりに、ボウルがすっぽり入る鍋に湯を沸かし、蓋をきっちりかぶせてじか蒸しにしてもよい。

あんずの甘酸っぱさがかぼちゃの甘みによく合うが、なければレーズンやプラム、ブルーベリーでもよい。

なめらかな舌ざわりは
くず粉のお手柄

かぼちゃと豆乳のくず粉プリン

材料（5～6個分）

かぼちゃ・・・・・・・・・・・・150 g
豆乳・・・・・・・・・・・・・¾カップ
くず粉・・・・・・・・・・・・・10 g
メープルシロップ・・・・・大さじ1

作り方

1 かぼちゃは皮つきのまま、角切りにしてゆでる。やわらかくなったらゆで汁を捨て、弱火にかけて鍋ごと揺すりながら残った水けを飛ばして粉ふきにする。

2 熱いうちにボウルにあけ、フォークなどでなめらかにつぶす。

3 別のボウルにくず粉を入れて豆乳を少しずつ加えながら泡立て器でまぜ、なめらかになったら**2**に加える。最後にメープルシロップを加えまぜる。

4 耐熱容器に流し、蒸気の立った蒸し器に入れるか、176ページの**memo**で紹介したようなじか蒸しにする。

memo

でき上がりがやわらかいので、型抜きはできない。蒸したてのあたたかいところを食べるが、冷蔵庫で冷やしてもよい。食べるときにさらに少量のメープルシロップをかけてもよい。

ひなびた甘みが里山の香りを運ぶ

干しいものそば粉揚げ

材料（作りやすい分量）

干しいも・・・・・・・・・・・・80 g
そば粉・・・・・・・・・・・・・30 g
揚げ油・・・・・・・・・・・・・適量
てんさい糖・・・・・・・・・・・少々

作り方

1 干しいもは縦に2㎝幅に切る。

2 そば粉は水大さじ3でどろどろにとく。

3 揚げ油を中温に熱し、干しいもを**2**のそば粉の衣にくぐらせて入れ、カリッとするまで揚げる。

4 油をしっかりときり、てんさい糖を振る。

干しいもに火を通す必要はなく、焦げやすいので、衣がきつね色になったらすぐにとり出す。

ベリーの酸味をアクセントに

さつまいものクッキー

材料（30枚分）

さつまいも・・・・150 g
みかんジュース・・20㎖
くず粉・・・・・・・15 g
ドライブルーベリー 15 g
てんさい糖・・・小さじ1
植物油
・・大さじ1¼弱（15 g）
全粒粉・・・・・・・25 g

くず粉は生地に直接まぜずに、みかんジュースでとろりとねって、さつまいものマッシュを加える。

作り方

1 さつまいもは皮つきのまま角切りにし、水から入れてゆでる。やわらかくなったらゆで汁を捨てて弱火にかけて水けを飛ばし、粉ふきにする。

2 熱いうちにボウルに移してフォークでなめらかにつぶす。

3 別のボウルにくず粉を入れてみかんジュースを加えてなめらかにとき、てんさい糖、全粒粉、ブルーベリー、**2**を順に加え、最後に油を加えてしっかりとねりまぜる。

4 ポリ袋などに入れ、袋の上からめん棒を転がして2〜3㎜厚さにのばし、好みの型で抜く。

5 150度に熱したオーブンで約20分焼く。

残りごはんの活用法としても
おすすめ

玄米だんご入り さつまいもしるこ

材料（4人分）

さつまいも	200 g
りんごジュース	¾カップ
玄米ごはん	150 g
全粒粉	大さじ½
塩	少々

作り方

1 さつまいもは皮つきのまま角切りにしてゆで、やわらかくなったらゆで汁を捨てて弱火にかけて粉ふきにし、フォークでなめらかにつぶす。

2 りんごジュースを加えてなめらかにのばす。

3 別のボウルに玄米ごはんを入れて全粒粉と塩を加え、粘りけが出るまでつぶす。

4 **3**を大さじ1杯ずつくらいに分けてだんごに丸める。オーブントースターの焼き網に並べてこんがりと焼く。

5 **2**のしるこを温めて器に盛り、**4**の玄米だんごを浮かべる。

玄米ごはんに全粒粉と塩を加え、すりこ木でつきながら、粒がなくなって粘りけが出るまでつぶす。玄米ごはんが冷たい場合は、蒸すか電子レンジであたためる。

山いもの膨張力ときめを生かした
現代版かるかん

山いもと全粒粉の蒸しパン

材料（6個分）

大和いも……50 g
にんじんジュース……75㎖
てんさい糖……大さじ½
全粒粉……50 g
植物油……大さじ½
くこの実（乾燥・あれば）……6個

作り方

1 大和いもは洗って水けをふき、ボウルにすりおろしながら入れる。にんじんジュースとてんさい糖を加えて泡立て器などでなめらかにまぜ合わせる。

2 均一になったら全粒粉を加えて粉けがなくなるまでまぜ、最後に油を加えてしっかりとまぜる。

3 耐熱製の紙カップなどに流し、中央にくこの実をのせ、蒸気の立った蒸し器に入れて10分蒸す。竹ぐしを刺して何もついてこなければ火が通っている。

memo

山いもは大和いも、いちょういもなどの粘りけの強い品種を使うこと。長いもは粘りけが少ないので向かない。皮をむかないと褐色の粒がまじるが、歯ざわりと香りのアクセントになる。でき上がった蒸し パンは冷めても翌日までおいしく食べられる。

陰陽のバランスも栄養も
満点おやつ

黒ごまときな粉のプレッツェル

材料（40本分）

黒ごま	大さじ2
全粒粉	100ｇ
きな粉	30ｇ
塩	小さじ⅔
豆乳	大さじ3
植物油	35ｇ

作り方

1 ボウルにごま、きな粉、全粒粉、塩を合わせてまぜる。中央をくぼませて豆乳と油を入れ、指先を丸く回して粉類を少しずつくずしながらまぜ、粉けがなくなってからも、ゴムべらなどでさらにまぜてしっとりとした生地にする。

2 ポリ袋に入れ、袋の上からめん棒を転がして2～3㎜厚さにのばす。

3 まないたにとり出し、5㎜幅に切り、天板に並べる。

4 150度に熱したオーブンで15～18分焼く。

粉類に豆乳と油をなじませるように、ゴムべらなどでボウルの底にこすりつけるようにして、しっとりするまでまぜる。

やっとまとまるくらいにポロポロした生地なので、ポリ袋に入れてめん棒などを転がして薄くのす。

memo

黒ごまはいりごまではなく、洗いごまを使う。常温で4～5日はもつが、日の当たらない涼しい場所に保存すること。

手軽にできる陽性のおやつ

そばだんごのきな粉かけ

材料（2人分）

そば粉 ……… ⅓カップ（30ｇ）
きな粉 ……………… 大さじ1
てんさい糖 …………… 小さじ1

作り方

1 耐熱製のボウルにそば粉を入れ、熱湯75㎖を注いで手早くまぜ、なめらかになるまでねりまぜる。

2 鍋に熱湯を沸かし、**1**をスプーンですくって落とし、浮いてくるまでゆでる。

3 湯をきって器に盛り、きな粉とてんさい糖をまぜ合わせてかける。

熱湯を注ぎながら菜箸で手早くまぜる。熱湯でとくことでそば粉に粘りけが出る。

粉けがなくなったら木べらかゴムべらでよくねり、耳たぶよりかための生地に仕上げる。

memo

冷めるとかたくなるので、熱々のところを食べること。粉あめをかけてきな粉を振ってもよい。昼ごはんがわりにするときはしょうがみそ（157ページ参照）やごまみそ（162ページ参照）を添えてもおいしい。

陽性のエネルギーを一皿に集めて

そば粉のパンケーキ・黒ごまソース

材料（2人分）

- そば粉 ・・・・・・・・・・・ 大さじ4
- 全粒粉 ・・・・・・・・・・・ 大さじ1
- りんごジュース ・・・・・・・ 60 mℓ
- 植物油 ・・・・・・・・・・・ 小さじ1

黒ごまソース

- ねり黒ごま ・・・・・・・・ 大さじ1
- メープルシロップ ・・・・・ 10 g

作り方

1 ボウルにそば粉と全粒粉を合わせ、りんごジュースを加えてよくまぜる。なめらかになったら油を加え、しっかりとまぜる。

2 フライパンに油（分量外）をなじませ、余分な油をふきとる。**1**の1/6量を丸く流して焼き、縁が乾いて表面に気泡が出てきたら裏返し、こんがりと焼き上げる。残りも同様に焼き、器に盛る。

3 ごまとメープルシロップをよくまぜ、**2**にかける。

memo

メープルシロップのかわりにてんさい糖を煮とかしたてんさい糖シロップ（185ページ参照）でもよい。

クリーミーな舌ざわりがうれしい
夏のおやつ

豆乳と長いものムース

材料（小さなゼリー型4個分）

長いも・・・・・・・・・・・・・50ｇ
粉かんてん・・・・・・・・・小さじ1
豆乳・・・・・・・・・・・・・½カップ
メープルシロップ・・・・・大さじ2

作り方

1 小鍋に長いもをすりおろし、粉かんてんを加え、豆乳でのばす。弱火にかけ、絶えずまぜながら煮立て、そのまま2分ほど焦がさないように煮る。

2 メープルシロップの半量を加えてゼリー型に流し、固める。

3 冷蔵庫で冷やして型から抜き、器に盛って残りのメープルシロップをかける。

なめてみて、長いものチリッとした刺激味がなくなるまで煮る。

豆乳

大豆をまるごと砕いてこした汁なので、大豆のうまみがストレートに出る。それだけに質のよい国産大豆を使った純正品を選びたい。調整豆乳は豆乳に油や糖類、食塩などを加えて飲みやすくした製品で、調理には向かない。

かぼちゃとくるみの
陽性パワーで中庸に

豆乳とかぼちゃの全粒粉パンケーキ

材料（2人分）

かぼちゃ・・・・・・・・・・・・・100 g
くるみ（製菓用）・・・・・・・・40 g
豆乳・・・・・・・・・・・・・・120㎖
全粒粉・・・・・・・・・・・・・80 g
植物油・・・・・・・・・・・・大さじ½

作り方

1 かぼちゃは1〜2㎝厚さに切ってやわらかくゆで、ざるに上げて水けをきり、熱いうちにボウルに入れてフォークであらくつぶす。

2 くるみは油けのない鍋に入れて弱火でいため、あら熱がとれたら1㎝大に割る。

3 **1**に全粒粉を加えて豆乳でのばし、油を加えてなめらかにまぜ、**2**のくるみの半量を加えてさっとまぜる。

4 フライパンに油（分量外）を薄くなじませ、**3**をスプーンでひとすくいずつ落として丸くのばす。弱めの中火にして蓋をして焼き、焼き色がついて表面に気泡があいてきたら裏返す。同様に蓋をして焼き、ふっくらと仕上げる。

5 器に盛り、くるみの残りを散らす。てんさい糖シロップをかけて食べる。

てんさい糖シロップ

てんさい糖100 gに水¼カップを加えて火にかけ、煮立ったら火を弱めて2分ほど煮立て、冷ます。室温で1週間くらいもち、メープルシロップのかわりに使える。

ミネラルも食物繊維も
たっぷり補給できる

ドライフルーツバー

材料（30本分）

ドライいちじく	40 g
干しぶどう	50 g
干しあんず	40 g
アーモンド（製菓用・粒）	50 g
全粒粉	60 g
てんさい糖	大さじ1
植物油	大さじ2

作り方

1 いちじくとあんずは7㎜大に刻む。アーモンドも5㎜大に刻む。

2 ボウルに全粒粉とてんさい糖を入れてよくまぜ、油を加えてしっとりするまでまぜる。

3 **2**に**1**と干しぶどうを加えてまんべんなくねりまぜる。まとまってきたら片手で握って棒状に形をととのえ、天板に並べる。

4 160度のオーブンで15～18分焼く。

ボウルに全粒粉とてんさい糖を入れたら中央をくぼませ、植物油を入れ、粉を少しずつくずしながらまぜ合わせる。

memo

ドライフルーツの量が多いので、冷めてもあまりかたくならない。2～3日はおいしく食べられる。

ナッツ＆フルーツ

木の実や果実は生命の源だけに、豆や穀物に劣らぬ栄養の宝庫。ビタミン、ミネラルのほか、木の実に豊富な植物性脂肪は、動物性脂肪にかわるコクを提供し、果実は食物繊維の供給源となる。防カビ剤や漂白剤を使っている製品を避け、必ず有機栽培の物を無添加で加工した商品を選ぶよう注意する。

かみしめるほどにおいしい定番の味

ナッツ&レーズンの全粒粉クッキー

材料（30〜40枚分）

くるみとアーモンド（ともに製菓用）
・・・・・・・・・合わせて100ｇ

干しぶどう・・・・・・・・・30ｇ

A
- 全粒粉・・・・$\frac{2}{3}$カップ（75ｇ）
- かたくり粉・・$\frac{1}{4}$カップ（30ｇ）
- 塩・・・・・・・・・・ごく少々

植物油・・・・・・・・・・・・大さじ3

てんさい糖・・・・・・・・・・大さじ3

豆乳・・・・・・・・・・・・・大さじ2

作り方

1 くるみとアーモンドは、油気のない鍋に入れて弱火にかけて転がし、焦がさないようにからいりする。カリッとしたらまないたにあけ、5㎜角に刻む。

2 干しぶどうはざっと刻む。

3 大きなボウルにAを合わせる。別のボウルに油、てんさい糖、豆乳を合わせて泡立て器でよくまぜ、Aの入ったボウルに流し入れながらまぜる。粉っぽさがなくなったら**1**と干しぶどうを加えてまんべんなくねりまぜる。

4 ざっと2等分にしてそれぞれラップに包んで転がし、棒状に形をととのえ、冷蔵庫で30分休ませる。

5 ラップをはずして小口から5〜6㎜厚さに切り、天板に並べて170度のオーブンで15分焼く。

植物油とてんさい糖、豆乳をなめらかにまぜ合わせ、粉類に加える。

生地はしっとりするまでよくまぜ、そこに刻んだナッツ類を加える。

たっぷりまぶしたごまが主役

にんじんと干しあんずのごまお焼き

材料（2人分）

にんじん・・・・・・・・・・・・・⅔本
干しあんず・・・・・・・・・・・・6個
地粉・・・・・・・・・・・・・・100ｇ
いり白ごま・・・・・・・・・・・適量

作り方

1 にんじんは皮つきのまま洗う。

2 耐熱容器にあんずを入れ、水をひたひたに注ぐ。

3 蒸し器ににんじんを入れてやわらかくなるまで蒸す。あいたところに**2**の耐熱容器も置いていっしょに蒸してあんずをもどす。にんじんのあら熱がとれたら６枚の輪切りにする。

4 ボウルに地粉を入れて熱湯60㎖を注ぐ。最初は箸でまぜ、手でふれられるようになったら手にかえて、なめらかになるまでねりまぜる。

5 **4**の生地をひとまとめにして転がしながら棒状にととのえ、小口から6等分し、にんじんとあんず１枚ずつを包み込む。それぞれ平らな円形にととのえ、片面にたっぷりとごまをつける。

6 フライパンに油（分量外）をなじませて**5**をごまのついているほうから焼き、焼き色がついたら裏返してじっくりと焼く。両面に焼き色がついたら水大さじ３を注ぎ入れ蓋をし、中火で3～4分、汁けがなくなるまで蒸し焼きにする。

7 大きなままほおばるか、2つに切って器に盛る。

地粉は中力粉なので、グルテンの力を強めるために、熱湯を注いで箸でまぜる。

寒い冬の夜はホットにしても

ドライフルーツのコンポート

材料（4人分）

干し柿	4個
ゆずの皮	$\frac{1}{4}$個分
りんごジュース	1カップ
松の実	少々
くこの実	少々

作り方

1 干し柿とゆずの皮を鍋に入れ、りんごジュースを注ぐ。火にかけて煮立ったら弱火にして、干し柿がやわらかくなるまで5分煮、松の実、くこの実を加え、そのまま冷めるまでおいて味をなじませる。

2 器に煮汁ごと盛り、干し柿の果肉をスプーンでつぶしながら食べる。

干し柿をりんごジュースで煮ると、砂糖なしでも十分に甘みが出る。

memo

写真は甘柿を使った水分の多い干し柿を使ったが、渋柿を使ったかための干し柿で作ると、甘みに深みがあって、また一味違うおいしさが楽しめる。プラム、干しあんず、干しいちじく、干しなつめなど、果物をそのまま干し上げた純正なドライフルーツはそのままではかたいので、こうしたコンポートにするとよりおいしく食べられる。

主菜になるおかず

大豆

大豆のハンバーグ……73
五目豆……73
大豆つくねと野菜のソテー……156
金時豆とさつまいものいとこ煮……74
白いんげん豆のりんご煮……75
白いんげん豆とカリフラワーのサラダ……75

麩

白菜と板麩の八宝菜風……76
板麩の野菜巻きソテー……77
車麩の肉じゃが風……78
観世麩と青梗菜のチャンプルー……79
車麩とカリフラワーのムニエル・ポン酢じょうゆ／ごまみそ……138

大豆加工品

●凍り豆腐

凍り豆腐と海草の中国風サラダ……80
凍り豆腐の野菜あんかけ……81
凍り豆腐のステーキ・にらねぎソース……81
こまごま野菜と凍り豆腐の焼きだんご……166

●がんもどき／油揚げ

ひじきがんも……82
油揚げの里いもコロッケ風……83
ふきと油揚げの煮物……126
たけのこと厚揚げの煮物……132

●とうふ

ごぼうとにんじんのいりどうふ……84
とうふじゃが……85
にんじんとぜんまいのしらあえ……85

●湯葉

かぼちゃとひじきのれんこん蒸し・湯葉あんかけ……86
生湯葉と大根の梅あえ……87
湯葉と水菜のしゃきしゃきいため……87

●おから

おからの五目煮……88
こまごま野菜のおからあえ……88

副菜になるおかず

野菜

●春

新じゃがいもとグリンピースのスープ煮……98
新玉ねぎと新にんじんのロースト……99
キャベツのソテー・くるみソース……100
キャベツのアスパラ巻きサラダ……101
キャベツと玉ねぎの重ね煮……101
キャベツとわかめのしょうが酢あえ……132
ゆでキャベツとわかめのしょうがじょうゆあえ……132
うどの芽の天ぷら……102
うどの皮のきんぴら……103
うどと厚揚げのさっと煮……103
菜の花の塩こんぶあえ……122
たらの芽と新玉ねぎのかき揚げ……126
大根の梅あえ……129
いため大根の梅あえ……129
新ごぼうとくるみの鉄火みそ……129
豆苗ののりあえ……130

●夏

かぼちゃのサラダ……104
かぼちゃと枝豆のうま煮……105
かぼちゃと松の実のソテー……105
かぼちゃとコーンの蒸し焼き……140
さやいんげんの煮びたし……138
なすと長いものしぎ焼き……142
夏野菜のいため物……142

●秋

れんこんのムニエル・黒酢ソース……106
れんこんと小松菜のお焼き……107
大根の皮のしょうが漬け……108
皮つき大根のきんぴら……109
大根の揚げだし……109
かぶのしょうが焼き……110
かぶの丸蒸し・鉄火みそ添え……111
かぶとがんもの煮物……111
ごぼうのきんぴら……112
ごぼうとひじきのじっくり煮……113
たたきごぼう……113
里いもとにんじんのこんぶ煮……150
青梗菜とおつゆ麩のごまあえ……150
白菜のおぼろあえ……152
さつまいものサラダ……156
さつまいものくずあんかけ……157
しょうがみそ……156

●冬

ほうれんそうと車麩のくず煮……114
ほうれんそうと切り干し大根のごまあえ……114
小松菜の根っこごとかき揚げ……115
小松菜のチャンプルー……115
白菜と油揚げのうま煮……116
ごぼうとれんこんとにんじんのきんぴら……158
根菜のポトフ・ごまみそ添え……162
大根とにんじんの即席麦みそ漬け……164
れんこんとこんぶのつくだ煮風……164
あずきかぼちゃ……168

農産乾物

ごぼうと切り干し大根の煮物……94
切り干し大根とブロッコリーの酢の物……95
きくらげと白菜のくず煮……96
干ししいたけと車麩のごまクリーム煮……97
かんぴょうとにんじんのピクルス……136
かんぴょうのごまあえ……136

海草

ひじきとじゃがいものサラダ……90
ひじきとれんこんのいり煮……91
刻みこんぶとさつまいもの煮物……92
茎わかめともやしのしょうがいため……93
芽かぶと大根のサラダ……93
きゅうりとレタスと細寒天のサラダ……144

スナック＆スウィーツ

煮あずき……172
あずきのくず焼き……173
あずきとプルーンのミニパイ……174
いんげん豆のホットケーキ……175
かぼちゃと干しあんずの茶きんしぼり……176
かぼちゃと豆乳のくず粉プリン……177
豆乳とかぼちゃの全粒粉パンケーキ……185
豆乳と長いものムース……184
干しいものそば粉揚げ……178
さつまいものクッキー……178
玄米だんご入りさつまいもしるこ……179
山いもと全粒粉の蒸しパン……180
黒ごまときな粉のプレッツェル……181
ドライフルーツバー……186
ナッツ＆レーズンの全粒粉クッキー……187
にんじんと干しあんずのごまお焼き……188
ドライフルーツのコンポート……189

さくいん

穀　物

玄米

● まぜごはん

揚げそぼろのかくやめし……24
葉っぱとごまのまぜごはん……25
ミックス豆のサラダごはん……25
金時豆と切り干し大根の梅サラダごはん……134
梅干しと水菜の手巻きずし……26
五目ちらしずし……27
とうふそぼろのかくやずし……144

● いためごはん

にんじんとわかめのチャーハン……28
キャベツとひじきのごぼうチャーハン……28
きんぴらと小松菜のみそチャーハン……160
玄米とれんこんのもっちりチヂミ……29
ブロッコリーとかぼちゃの玄米おやき……130

● 炊き込みごはん●炊飯

黒米と黒豆の炊き込みごはん……30
ごぼうとひじきの炊き込みごはん……30
ひじきの炊き込みごはん……126
かぼちゃといり大豆のパエリア……31
あずき入り玄米ごはん……150
赤米入り玄米おにぎり・ごま塩と古漬けたくあん添え 122
五穀入り玄米ごはん……129
だしがらとしょうがの炊き込みごはん……138
押し麦入りごはん……132
もちきび入り玄米ごはん……146

● おかゆ ● リゾット ● もち

玄米の五分がゆ／しょうがみそ……156
玄米の10倍がゆ……164
長いもとくこのおかゆ……32
梅茶がゆ……33
きび入りさつまいもがゆ……33
小松菜のリゾット……34
ロールキャベツのリゾット……35
かぼちゃ入り玄米おじや……158
だまっことロール白菜の煮込み……168
玄米もちの磯辺巻き……152

雑穀

雑穀ミックスのサラダごはん……36
あずきと押し麦入り炊き込みごはん 37
押し麦とさつまいものリゾット……38
押し麦と里いものパン粉焼き……39
もちきびのお焼き……40
もちきびのコロッケ……41
もちあわとれんこんのリゾット……42
もちあわの豆乳グラタン……43
もちあわ入りごまぼたもち……124

パン

グリル野菜オープンサンド……44
のりきんぴらサンド……46
そら豆のチャンプルーサンド……136

めん

キャベツとくるみの全粒粉スパゲッティ……48
とうふと野菜のミートソース風パスタ……49
レンズ豆と春にんじんのパスタ……124
ほうとう風みそ煮こみうどん……50
かぼちゃ入りみそうどん……154
大根そば……51
とろろそば……142
ねぎそば……166
ごまだれそうめん……142

粉

そば粉のクレープ……47
そば粉のおやき……162
そばだんごのきな粉かけ……182
そば粉のパンケーキ・黒ごまソース……183
つぶつぶすいとんの和風ポトフ……52
こまごま野菜のお好み焼き……148

ふりかけ

ごま塩……22
ごまみそ……22
くりごまふりかけ……23
ゆかりこんぶ……23
のりきな粉ふりかけ……23
しいたけのり……23

ディップ&ジャム

かぼちゃとみかんのディップ……45
ナッツのスイートディップ……45
とうふとごまのディップ……45
りんごとにんじんのジャム……45

だしとだしがら

こんぶだし……54
混合だし……54
しいたけこんぶ……55
しいたけの照り煮……55
水菜のこんぶあえ……52
こんぶとたくあんの酢じょうゆ漬け 55
切り干し大根とだしがらこんぶの酢漬け……154

汁　物

● 春

新キャベツと新玉ねぎのみそ汁……56
キャベツと新玉ねぎのスープ……124
玉ねぎとわかめのみそ汁……134
新にんじんとせりのすまし汁……58
若竹スープ……60
とうふとかぶののりすい……62
せりと油揚げのみそ汁……122
小松菜と麩のみそ汁……126
かぶのみそ汁……129
もやしのみそ汁……132

● 夏

かぼちゃの冷製スープ……47
玉ねぎとかぼちゃのみそ汁……63
なすと青じそのみそ汁……56
レタスとしょうがのすまし汁……58
とうもろこしととうふのヴィシソワーズ……60
レンズ豆とセロリのスープ……67
干し湯葉と切り干し大根のスープ……69
にんじんの豆乳ポタージュ……138
キャベツとにんじんのせん切りスープ……140
もずくのすまし汁……144

● 秋

野菜スープ……46
里いもとなめこのみそ汁……57
里いもとキャベツの豆乳チャウダー……66
まいたけのすまし汁……59
じゃがいもと平打ち豆のスープ……61
さつまいものさつま汁……65
大根と油揚げのみそ汁……146
けんちん汁……150
にんじんとクレソンのみそ汁……152
玉ねぎとえのきだけのみそ汁……156
黒ごま豆乳……148

● 冬

大根と油揚げのみそ汁……57
おろしかぶら汁……59
根菜たっぷりのスープ……61
おろしれんこんののっぺ風……64
おろしれんこんのとろみスープ……162
白菜ときくらげのスープ……68
ブロッコリーとおぼろこんぶのすまし汁……160

料理　石澤 清美（いしざわきよみ）料理研究家
監修　野口 節子（のぐちせつこ）管理栄養士・元東京保健医療大学教授

料理アシスタント　東郷倫子
撮影　山田洋二・松木　潤（主婦の友社写真室）
スタイリスト　渡辺孝子

表紙デザイン　大薮胤美（フレーズ）
本文デザイン・イラスト　aPLo（落合光恵　安達義寛）
編集　中島さなえ
編集デスク　牛丸真理（主婦の友社）

主婦の友新実用BOOKS

決定版《けっていばん》
おいしいマクロビオティックごはん

2009年11月10日　第1刷発行

編　者　主婦の友社
発行者　荻野善之
発行所　株式会社主婦の友社
　　　　郵便番号 101－8911　東京都千代田区神田駿河台 2－9
　　　　電話（編集）03－5280－7537
　　　　　　（販売）03－5280－7551
印刷所　大日本印刷株式会社

●乱丁本、落丁本はおとりかえします。お買い求めの書店か、主婦の友社資材刊行課（☎03-5280-7590）にご連絡ください。
●記事内容に関するお問い合わせは、主婦の友社出版部（☎03-5280-7537）まで。
●主婦の友社発行の書籍・ムックのご注文、雑誌の定期購読のお申し込みは、お近くの書店か主婦の友社コールセンター（☎049-259-1236）まで。
●主婦の友社ホームページ
http://www.shufunotomo.co.jp/

ISBN978-4-07-267424-6
